MARC HELD

50 ANS DE DESIGN
50 YEARS OF DESIGN

Déja paru, aux Éditions Norma,
Éric Germain,
Marc Held. Du design à l'architecture

Première de couverture
Cover
Détail de la chaise *Élysée*, 1983
(page 282).

Coordination éditoriale
Editorial coordination
Matthieu Flory

Révision
Copy editing (French)
Lorraine Ouvrieu

Traduction
English translation
Eileen Powis

Révision anglaise
Copy editing (English)
Babel Editing

Conception graphique
Graphic design
Marc Touitou
Marc Held (avec/with Aliki Samaras
et/and Doukissa Patsi)

ISBN 978-2-9155-4263-9

Éditions Norma
149, rue de Rennes
75006 Paris France
www.editions-norma.com

MARC HELD

50 ANS DE DESIGN
50 YEARS OF DESIGN

Michèle Champenois

NORMA
ÉDITIONS

Une beauté sur le *Lit Prisunic*, 1967.

Marc Held, a humanist designer
a passion for the well done

Michèle Champenois

You are about to leaf through a collection of objects, many of which will hide their age. Some may be as old as fifty; yet still they are young. In this they resemble their author, whose passion for work, and for work well done, keeps him sharp, always on the look-out for the right phrase, the nicely worded explanation, the lively tale studded with anecdotes, human stories, encounters, but disappointments as well... And how quickly we turn the page, look for something else, analyze another commission, scan another idea that could transform the world of domesticity.

Perhaps some of the creations are expressions of the mood of their period; yet none is outmoded. We should seize this chance to try to understand how that is possible. Marc Held now likes to recall all those dazzling stones he strewed on the road behind him, never looking back, and which are all still there, intact, as fresh now as they were on their very first day; buoyant with their optimism, their hope in a better world, their direct, taut, gentle, rounded, readable forms. Forms that we can "caress with our eyes," touch with our hand, feel with our body, and even question, analyze, discover from the inside. Because quite often they show themselves inside-out, as an explicit structure, a visible frame, like aesthetic equations that everyone could adopt, love and become familiar with.

"I'm distrustful from the get-go," says Marc Held, an accomplished but ever-astonished designer and architect. "I start by analyzing, dismounting, understanding how it is made." No surprise, then, that the creator goes on to show "how it is made"– that he gives furniture the freedom to be mobile, with wheels and handles, that he hands the chair or sofa a working drawing of its own function: a seat, a back, a light support. And that he even enjoys weighing the pro and the contra, a kilo of feathers and a kilo of lead, a stone top on a wire frame...

A constructivist and rationalist, he never lets himself become stuck in the coldness of a calculation; his inner lyricism, his poetic flame, carry him along and give all his creations a well-tempered intensity. Without overstepping the

Marc Held, designer humaniste la passion du bien faire

Michèle Champenois

Vous allez feuilleter une collection d'objets dont beaucoup ne disent pas leur âge. Cinquante ans pour certains. Toujours jeunes, pourtant. Comme leur auteur que la passion du travail, et du travail bien fait, tient éveillé, à l'affût de la phrase juste, de l'explication bien tournée, du récit vivant ponctué d'anecdotes, d'histoires humaines, de rencontres, de déceptions aussi… Et vite, on tourne la page, on lance une autre recherche, on analyse une autre commande, une autre idée qui pourrait changer la face de l'univers domestique.

Même si certaines créations sont dans le *mood* de leur époque, aucune n'est démodée. C'est assez rare pour que l'on cherche à comprendre comment c'est possible. Marc Held aime raconter, la mémoire en alerte et encore éblouie de toutes ces pierres du chemin qu'il a semées sans se retourner, et qui sont là, intactes, fraîches comme au premier jour, avec leur optimisme, leur espoir dans un monde meilleur, leurs formes directes, tendues, douces, arrondies, lisibles. Des formes que l'on peut « caresser du regard », toucher de la main, éprouver avec son corps, et même interroger, analyser, découvrir de l'intérieur. Car, bien souvent, elles se montrent dedans-dehors, structure explicite, charpente apparente, comme des équations esthétiques que tout un chacun pourrait adopter, aimer, acclimater.

« Je me méfie du premier jet, dit Marc Held, designer et architecte accompli, mais toujours étonné. Rien n'est jamais assez bien. Je commence par analyser, démonter, comprendre comment c'est fait. » Rien de surprenant à ce qu'ensuite le créateur montre « comment c'est fait », qu'il donne au meuble la liberté d'être mobile, avec des roulettes et des poignées, qu'il donne au siège l'épure de sa fonction, une assise, un dossier, un support léger. Et même qu'il s'amuse à peser le pour et le contre, un kilo de plume et un kilo de plomb, un plateau de pierre sur une charpente en fil métallique…

Constructiviste et rationaliste, il ne se laisse jamais enfermer dans la froideur d'un calcul ; son lyrisme intérieur, sa flamme poétique l'emportent et donnent à toutes ses créations une intensité bien tempérée. Sans déborder des limites

limits of functionality or use, they acquire a friendly presence that we can no longer do without.

Recognizing what he loves was one of the first talents of this young man in a hurry. A trip to Scandinavia, the discovery of Alvar Aalto's curves, the free forms of Arne Jacobsen, the hybrid elegance of Hans Wegner's armchairs and the pure geometries of Poul Kjærholm, all formed the taste of this lover of modernity who plunged deep into his period. Marc Held did not hide his admirations, but cultivated them like secret gardens, on several occasions drawing tables to go with chairs that already existed and that captivated him: the Superleggera *chair by Gio Ponti, the wire armchairs by Harry Bertoia, the foam and wire corolla-shaped chairs of his colleague Pierre Paulin... Setting forms, as well as materials, in dialogue with each other is one of the recurring themes in his work. He would use dialogue like an architect; and he did so very early on, in his own life, for his successive apartments in which the old and the modern never clash but mutually enhance each other.*

Playing with materials, combining stone and metal, laminate and wood, assembling them while revealing the mechanics of the link, is also to find "the subtle wire that connects the old and the new." The man who is sensitive to beauty, without regard to period, whether that of the Ronchamp chapel by Le Corbusier or that of the Carolingian church of Germigny-des-Prés, whose architects undoubtedly came from the Orient – the man who says he admires the excellence of 18th-century France before designing a desk as refined as a musical instrument for the Élysée Palace – he is also an amateur in the strong sense of the term. What he loves, he never forgets.

"Stripping down is the ally of concentration and the mind," he wrote to his American friend in his Lettres à Gerry *(Éditions de l'Équerre, 1986). In a period freighted with expiring habits and that sought to be in keeping with the rising youth, the creations of Marc Held and his contemporaries contributed a burst of freshness and pleasure. Such was the instant success of the famous double*

du jeu fonctionnel ni de l'usage, elles acquièrent une présence amicale, dont on ne peut plus se passer.

Reconnaître ce qu'il aime aura été l'un des premiers talents de ce jeune homme pressé. Un voyage en Scandinavie, la découverte des courbes sous tension chez Alvar Aalto, des formes libres d'Arne Jacobsen, de l'élégance hybride des fauteuils de Hans Wegner et des géométries pures de Poul Kjærholm forment le goût de cet amoureux de la modernité qui entre de plain-pied dans son époque. Marc Held ne cache pas ses admirations et les cultive comme un jardin secret, dessinant à plusieurs reprises des tables pour les marier aux sièges qui existent et qui le séduisent : la chaise *Superleggera* de Gio Ponti, les fauteuils en fil métallique de Harry Bertoia, les corolles en mousse de son confrère Pierre Paulin... Faire dialoguer les formes, comme les matériaux, est une des constantes de son œuvre. Il le fera comme architecte ; il l'accomplit très tôt, dans sa propre vie, pour ses appartements successifs où l'ancien et le moderne ne se heurtent jamais mais se mettent mutuellement en valeur.

Jouer avec les matières, marier la pierre et le métal, le lamifié et le bois, les assembler en révélant la mécanique du lien, c'est aussi trouver « le fil subtil qui relie l'ancien et le nouveau ». Celui qui est sensible à la beauté, sans distinction d'époque, celle de la chapelle de Ronchamp par Le Corbusier, ou celle de l'église carolingienne de Germigny-des-Prés dont les architectes venaient sans doute d'Orient, celui qui se déclare attaché à l'excellence du XVIIIe siècle français avant de dessiner pour l'Élysée un secrétaire aussi raffiné qu'un instrument de musique est aussi un amateur au sens fort du terme. Ce qu'il aime, il ne l'oublie jamais.

« Le dépouillement est l'allié de la concentration et de l'esprit », écrit-il à son ami américain dans ses *Lettres à Gerry* (Éditions de l'Équerre, 1986). Dans une époque encombrée d'habitudes périmées et qui cherche à s'accorder à la jeunesse montante, les créations de Marc Held et de ses contemporains apportent un élan de fraîcheur et de plaisir. C'est le succès immédiat du fameux lit

bed in molded white plastic that made the cover of a Prisunic catalogue. Such was the meeting with Florence Knoll and the issuing of the celebrated Culbuto *chair. Such were the flowerings of projects and creations that found their public, as well as a very warm welcome in the newspapers and magazines – but did not always find an issuer or manufacturer prepared to distribute them to the world at large. Design is life... but society is slow to adapt to contemporary taste.*

The other boys wore a beret. He went bareheaded... Rebelling against uniforms, smiling and free, he was perhaps eleven years old. Thus, a black and white photo that dates to the war years, spent in a village near Tulle, in Corrèze. Born of Jewish parents who had emigrated from Central Europe, the youngster Marc Held earned his stripes as a resistance fighter by being a courier between the maquis groups. The child of Bagnolet, a Paris suburb, who would first be a gymnastics teacher like his father, discovered the countryside, rustic life and the human warmth of those peasants who sheltered him, with his mother.

In the school of life he acquired an indestructible memory of the rustic forms of peasant furniture, the love of wood that he would rediscover in the workshops of the Faubourg Saint-Antoine, and now with his friends on the Greek island of Skopelos, where he has lived for twenty years, and where, quite clearly, he has been building other houses in which wood and stone play the starring role.

The others wore a beret, he went bareheaded... Dissident, against organizations: "I did everything to work alone and to feel solely responsible" – even when he ran a team of over thirty people on the large architecture worksites for IBM. The tightrope-walker of Saint-Germain-des-Prés, who, on Christmas Eve 1965, attracted great crowds to L'Échoppe, 51 rue de Seine, which had brought together as many simple and surprising objects as Scandinavia could part with – he had nothing but success. In the magazines and newspapers, French and foreign, he was the prodigal son, the one who, with the brilliant smile of a leading man and the broad shoulders of an athlete, renewed our ways of living. And when he admits that "Working alone was my way of responding to the doubt about my

double et blanc en plastique moulé qui fait la couverture d'un catalogue Prisu. C'est la rencontre avec Florence Knoll et l'édition du célèbre siège *Culbuto*. C'est une floraison de projets et de créations qui trouvent leur public, un accueil très chaleureux dans les journaux et les magazines, mais pas toujours l'éditeur ou le fabricant prêt à les diffuser au plus grand nombre. Le design, c'est la vie... Mais la société est lente à se mettre au goût du jour.

Les autres garçons portent un béret. Lui va tête nue... Rebelle aux uniformes, souriant et libre, il a 11 ans peut-être. C'est une photographie en noir et blanc, qui date des années de guerre, passées dans un village près de Tulle, en Corrèze. Né de parents juifs immigrés d'Europe centrale, le tout jeune Marc Held gagne à 12 ans ses galons de résistant pour avoir fait l'estafette entre les groupes des maquis. L'enfant de Bagnolet, qui sera d'abord professeur de gymnastique comme son père, découvre la campagne, la vie rustique et la chaleur humaine de ces paysans qui l'hébergent, avec sa mère.

À l'école de la vie, il acquiert l'indéfectible souvenir des formes rustiques du mobilier paysan, l'amour du bois qu'il retrouvera dans les ateliers du faubourg Saint-Antoine, et maintenant chez ses amis de l'île grecque de Skópelos, où il vit depuis vingt ans. Et où, bien évidemment, il construit d'autres maisons, dans lesquelles le bois et la pierre sont en première ligne.

Les autres portent un béret, lui va tête nue... Dissident, rétif aux organisations : « J'ai tout fait pour travailler seul et me sentir seul responsable... » Même quand il dirige une équipe de plus de trente personnes et de grands chantiers d'architecture pour IBM. Le funambule de Saint-Germain-des-Prés qui, à la veille de Noël 1965, a attiré tant de monde au 51, rue de Seine, à L'Échoppe, en ayant réuni autant d'objets simples et surprenants que la Scandinavie pouvait en révéler, ne connaît que le succès. Dans les magazines et les journaux, français et étrangers, il est l'homme-prodige, celui qui, avec un sourire de jeune premier et des épaules de sportif, renouvelle les façons d'habiter. Et quand il avoue : « Travailler seul, c'était ma façon de répondre au doute concernant mon talent », on

Marc Held, troisième en partant de la gauche, Corrèze, 1944.

talent," we understand that he wanted to remain his own master, always searching, never relying on the knowledge he acquired at school – since he knows only one school, that of life, along with his taste for beautiful things and the energy he needed to make them proliferate.

Frankly a Modernist, Marc Held rejected the embellishments, contortions, tricks and irony that Postmodernism would propose. Faithful and inventive, he skips the steps and brings together in a single gesture the approaches that people have a tendency to separate: responsive to the most experienced craftsmen, he captivates them and obtains from them the care and attention that his creations demand, so contemporary in form, yet traditional in their fabrication. When he handles polyester and fiberglass, the rules are the same: he goes to the very limits of his research, works plaster and balsa wood, looks for the right shape that will enable him to go beyond the constraints of the materials.

A disciplined gymnast, a troubadour of modernity, curious about all types of beauty, wherever they come from: Marc Held's many talents do not contradict each other; they converge. Like the random designs of the cut-outs of molded plywood; like the play of forces of the wires distributed in space to support a stone top as though by magic; like the weightless bookshelves, held by a play of taut and almost invisible cables... "When mysteries are very clever, they hide in the light," wrote Jean Giono (Ennemonde et autres caractères, *Gallimard, 1968). The suns of the Mediterranean shine ever brighter.*

comprend qu'il a voulu rester son propre maître, chercher toujours, sans s'appuyer sur des connaissances acquises à l'école, puisqu'il ne connaît qu'une école, celle de la vie, le goût des choses belles et l'énergie de vouloir les multiplier.

Moderne avec franchise, Marc Held refuse les fioritures, les contorsions, les astuces et l'ironie que le post-modernisme mettra en avant. Fidèle et inventif, il saute les étapes, rassemblant d'un même geste des approches que l'on avait tendance à séparer : à l'écoute des artisans les mieux aguerris, il les séduit et obtient d'eux le soin et l'attention que réclament ses créations, contemporaines dans la forme, classiques dans la mise en œuvre. Quand il manie le polyester et la fibre de verre, les règles sont les mêmes : il va au bout de la recherche, travaille le plâtre et le balsa, cherche la forme juste qui lui permettra de dépasser les contraintes.

Gymnaste discipliné, troubadour de la modernité, œil curieux de toute beauté, d'où qu'elle vienne : les talents nombreux de Marc Held ne se contredisent pas, ils s'unissent. Comme les dessins aléatoires de la découpe des contreplaqués moulés, comme le jeu de forces des fils métalliques dessiné dans l'espace pour supporter comme par magie un plateau de pierre, comme les étagères en apesanteur, tenues par un jeu de câbles tendus et presque invisibles...
« Quand les mystères sont très malins, ils se cachent dans la lumière », écrivait Jean Giono (*Ennemonde et autres caractères,* Gallimard, 1968). Les soleils de la Méditerranée brillent toujours plus fort.

Appareil de gymnastique (avec méthode d'entraînement par opposition musculaire), le *Strong*, 1960

Fils d'acier chromé, caoutchouc, tourillons en bois de buis, drisses et sangle en Nylon
5 000 exemplaires
Brevet : professeur Yrondelle
Fabricant : Marcel Sternfeld
Distributeur : société Strong

De la gymnastique au design, l'objet fondateur, le *Strong* : fils de métal, caoutchouc, une poulie, des drisses et deux bobines en bois tourné... Pour Roland de Saint-Seine, le distributeur, et M. Yrondelle, l'inventeur, Marc Held dessine et perfectionne une paire de tendeurs pour l'exercice. Symbole parfait. « Mon premier métier, c'était prof de gym... Sans y penser, je m'initiais à la mécanique du mouvement, excellente introduction aux principes de la construction. »

From gymnastics to design, the foundational object, the Strong*: wire, rubber, a pulley, halyards and two turned wood winches... Marc Held designed and developed this pair of exercise stretchers for Roland de Saint-Seine, the distributor, and Mr. Yrondelle, the inventor. A perfect symbol. "My first profession was as a gymnastics teacher... Without even thinking about it, I learned the mechanics of movement, an excellent introduction to the principles of construction."*

Table repliable, 1961

Créée pour le studio de Karine Didier
Teck d'Asie
H. 72 L. 78 l. 70 cm
Exemplaire unique

Mobilité, espace : gagner de la place avec élégance. Dans ce studio aménagé pour un mannequin, la grande table se rabat contre le mur. Le panneau de teck devient élément du décor.

Mobility, space: to live compactly and with elegance. In this studio renovated for a model, the large table folds against the wall. The teak panel becomes a decorative element.

Coffre en teck sur roulettes, 1960

Teck d'Asie, ferrures Inox 18/8
H. 53 L. 90 l. 52 cm
3 exemplaires : 2 modèles sans tiroirs ;
1 modèle avec tiroirs
Fabricant : Montissori, ébéniste
Distributeur : L'Échoppe

« Le bois, je ne l'ai jamais abandonné... » D'un voyage initiatique en Scandinavie à la rencontre des œuvres de Hans Wegner, de Poul Kjærholm et d'Alvar Aalto, Marc Held revient avec la conviction que l'on peut allier esprit rustique et mouvement moderne. Jouer avec le bois de fil, les ramages, les assemblages...
« Je me souviens de mon ébéniste, le père Montissori, avec son accent du Piémont, sa patience sans limites... Grâce à lui, j'ai appris à travailler avec les artisans. Confrontée à leur savoir-faire, notre imagination peut s'exalter. » Coffre sur roulettes, en teck, avec des coins arrondis, travaillés. Déjà un meuble de bateau...

"I have never abandoned wood..." From an introductory trip to Scandinavia to encounter the works of Hans Wegner, Poul Kjæholm and Alvar Aalto, Marc Held returned with the conviction that you can combine the rustic spirit and the Modern movement. Playing with woodcuts, leaf patterns, and assemblies...
"I remember my cabinet-maker, the elder Montissori, with his Piedmontese accent, his infinite patience... Thanks to him, I learned to work with craftsmen. Confronted with their practical knowledge, our imaginations can soar." A teak chest on wheels, with rounded, worked corners. Already a piece of boat furniture...

Cuisine (mobilier modulaire), 1961

Plan de travail en lamifié postformé à bords relevés (concaves), alèses en teck d'Asie (comme pour les portes)
Variante nº 1 : plan de travail gris, façades blanches
Variante nº 2 : plan de travail vert olive, façades blanches
7 exemplaires
Fabricant : Christo, ébéniste
Distributeur : L'Échoppe

« Ce matériau nouveau m'attirait car il permettait pour la première fois d'obtenir des formes courbes au moins dans deux dimensions... Le Formica ! L'alliance de surfaces planes en lamifié satiné et d'alèses en bois crée des jeux graphiques intéressants. » Dessin et perfection du détail : le raffinement au service du fonctionnel.

"This new material attracted me because for the first time it made it possible to obtain curved forms in at least two directions... Formica! The combination of flat surfaces in semi-gloss laminate and wood band edging creates fascinating graphic interplays." Design and perfection of detail: refinement put to the service of function.

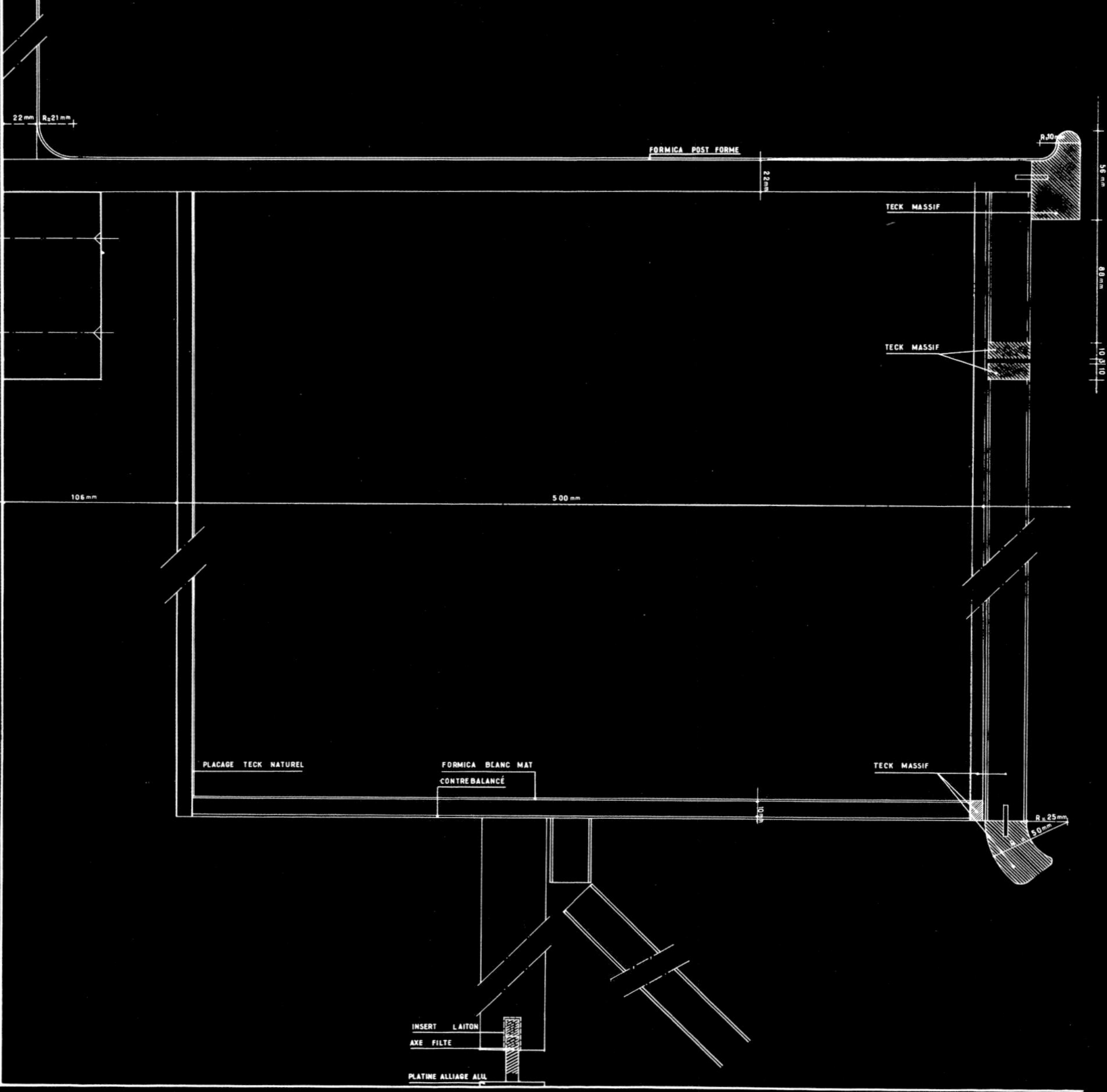

22 mm
R=21 mm
FORMICA POST FORME
22 mm
R=10 mm
56 mm
TECK MASSIF
88 mm
TECK MASSIF
10 3 10
106 mm
500 mm
PLACAGE TECK NATUREL
FORMICA BLANC MAT
CONTREBALANCÉ
TECK MASSIF
10 mm
R=25 mm
50 mm
INSERT LAITON
AXE FILTE
PLATINE ALLIAGE ALU

Étagères à 4 ancrages, sur câbles tendus avec poulies, 1961

2 montants tendus entre le sol et le plafond, câbles (d. 3 mm) et croix d'écartement en acier Inox, poulies spéciales aluminium, ridoirs et platines de fixation hautes et basses en Inox, étagères en lamifié blanc satiné de 2 fois 4 mm collées sur une âme en aluminium de 3 mm
20 exemplaires
Fabricant : Marcel Sternfeld
Distributeur : L'Échoppe

Où l'on retrouve l'exercice initiatique du *Strong* : câbles tendus, poulies, légèreté, transparence, rigidité, tension maîtrisée... D'abord conçues pour l'appartement qui fait la couverture de *La Maison française* et rend le designer célèbre du jour au lendemain, les étagères sur fils équiperont la vitrine de L'Échoppe, boutique ouverte en décembre 1965, au 51, rue de Seine, où Marc et Marianne Held proposent des objets pour la maison sélectionnés en Scandinavie, en Allemagne, en Italie.

In which one finds the initiatory exercise of the Strong*: stretched cables, pulleys, lightness, transparency, rigidity, controlled tension... First designed for the apartment featured on the cover of* La Maison française, *making the designer famous overnight, the bookshelves on wires adorned the window of L'Échoppe – the boutique that opened in December 1965, at 51 rue de Seine, and where Marc and Marianne Held offered domestic objects selected in Scandinavia, Germany and Italy.*

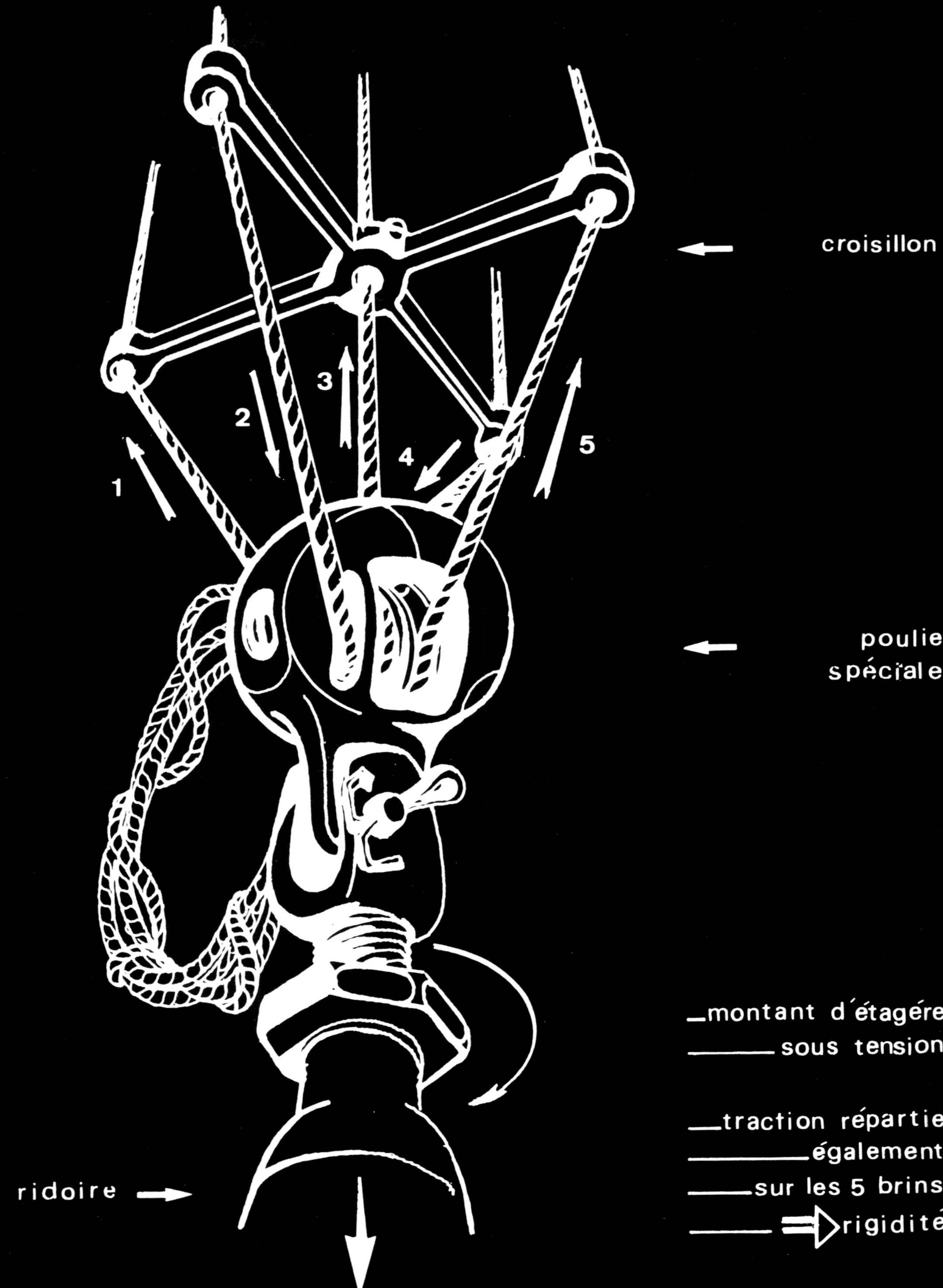
croisillon
1
2
3
4
5
poulie spéciale
ridoire
montant d'étagére
sous tension
traction répartie
également
sur les 5 brins
rigidité

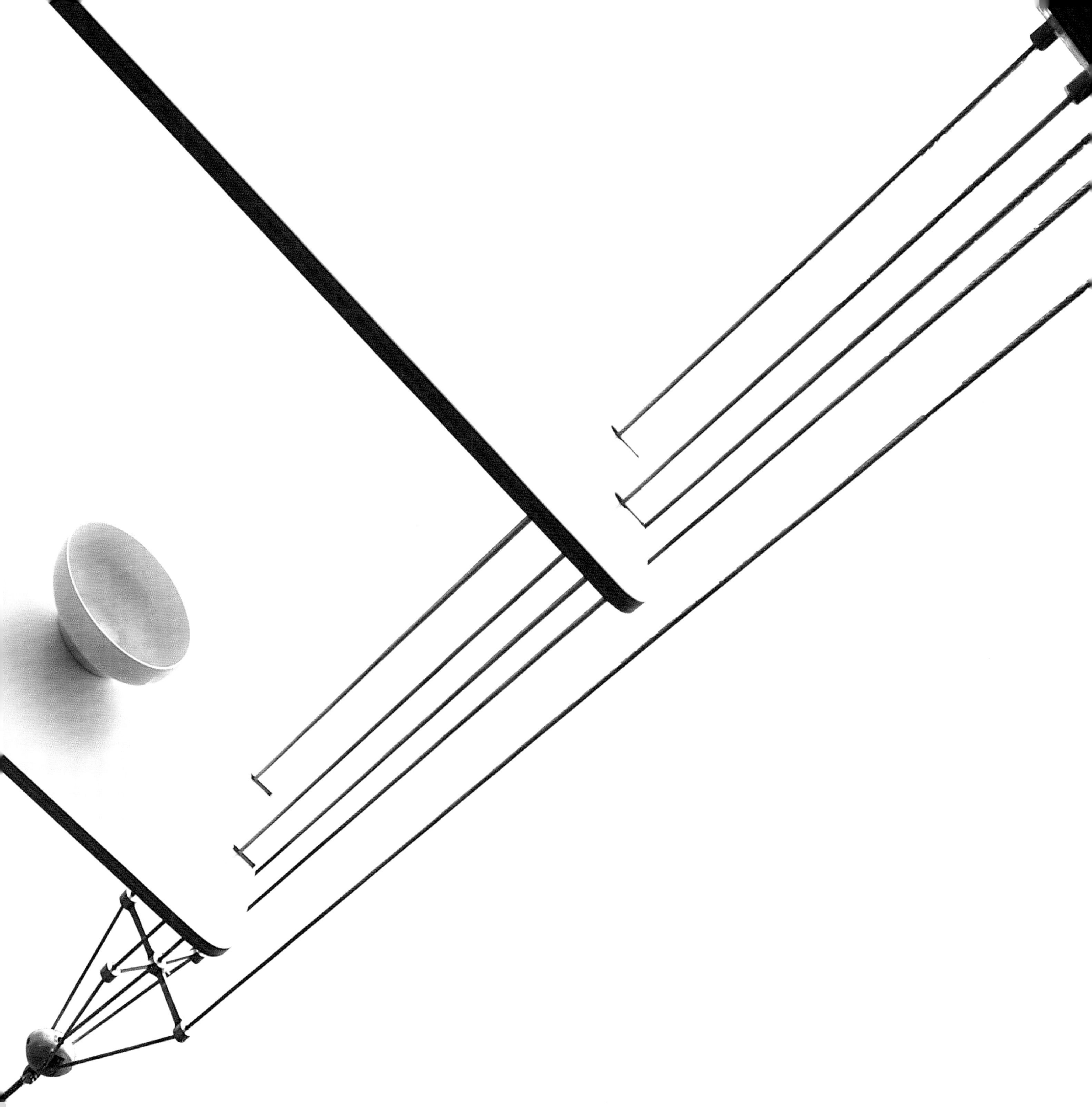

Pouf pivotant *L'Armillaire*, 1962

Piètement Inox avec roulements à billes,
sellerie en cuir noir sur support contreplaqué
H. 35 L. 55 l. 45 cm
Prototype
Fabricant : Marcel Sternfeld

Encore un de ces modèles qui resteront à l'état de prototype, modèle qui d'ailleurs sera perdu. « J'étais fasciné par les sphères armillaires. Je trouvais très belle la perception du volume, grâce à des cerces entremêlées, et j'eus envie de m'en inspirer. »

Another of those models that would remain a prototype, and that would moreover be lost. "I was fascinated by armillary spheres. I thought the perception of volume was very beautiful, thanks to the interlaced hoops, and I wanted to be inspired by them."

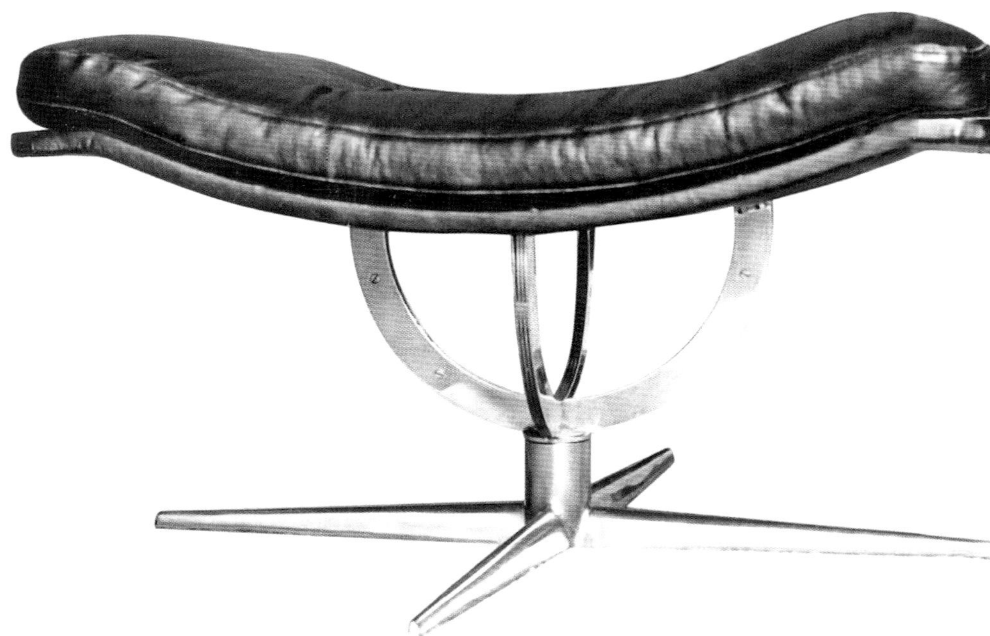

Secrétaire, 1962

Écritoire à abattant et 4 tiroirs avec poignées modulées
2 exemplaires : 1 exemplaire en bois de teck d'Asie, ferrures Inox 18/8 ; 1 exemplaire en bois de merisier, ferrures Inox 18/8
H. 103 L. 88 l. 44 cm
Fabricants : Christo, ébéniste, pour le modèle en bois de teck, Dadur, ébéniste, pour le modèle en bois de merisier
Distributeur : L'Échoppe

« Que votre œil caresse l'objet ! Qu'il soit beau de face, de côté ou de dos ! » Bois de teck, angles arrondis, ferrures invisibles, tout dans ce meuble compact et mobile, conçu par Marc Held pour lui-même, exalte le travail des artisans du faubourg, comme Montissori l'Italien et Christo le Grec. « Le faubourg Saint-Antoine, un petit monde cosmopolite et chaleureux, où s'élevaient, dans le bruit des machines, les coups de marteaux, des voix fortes et chantantes. Dans les cours et les ateliers, de fortes bouffées de vernis, de térébenthine et les parfums subtils des bois de chêne, de teck et d'acajou faisaient rêver de voyages champêtres ou exotiques. »

"Let your eye caress the object! It should be beautiful from the front, side or back!" Teak, rounded angles, invisible hinges, everything in this compact and mobile piece of furniture, designed for Marc Held's personal use, glorifies the work of the Faubourg craftsmen such as Montissori the Italian and Christo the Greek. "Faubourg Saint-Antoine, a small, warm and cosmopolitan world, where, amid the noise of machines and hammer blows, strong and melodious voices rise up. In the courtyards and workshops, strong blasts of varnish, turpentine and subtle oak, teak and mahogany scents made you dream of trips to the countryside or exotic places."

Table ronde, 1963

Teck d'Asie
D. 140 cm
3 exemplaires
Fabricant : Christo, ébéniste
Distributeur : L'Échoppe

Dans l'esprit de Hans Wegner, le Danois, pour accompagner les chaises à dossier en bois modelé qui évoquent des modèles chinois anciens, la table ronde de Marc Held combine l'actualité du bois de teck et les traditions de savoir-faire des artisans, avec son dessin en soleil et le jeu graphique des veines du bois.

In the spirit of Hans Wegner, the Dane, and designed to accompany chairs with shaped wooden backs that evoke old Chinese forms, Marc Held's round table combines the contemporary feeling of teak and the traditional knowledge of craftsmen, with its sun design and the graphic interplay of wood veins.

Table en X, 1963

Plateau en contreplaqué plaqué lamifié blanc satiné, alèses en bois de wengé, piètement en X en perches de bois de wengé assemblées par des pièces tubulaires en laiton
H. 80 l. 72 D. 160 cm
2 exemplaires
Fabricant : Christo, ébéniste
Distributeur : L'Échoppe

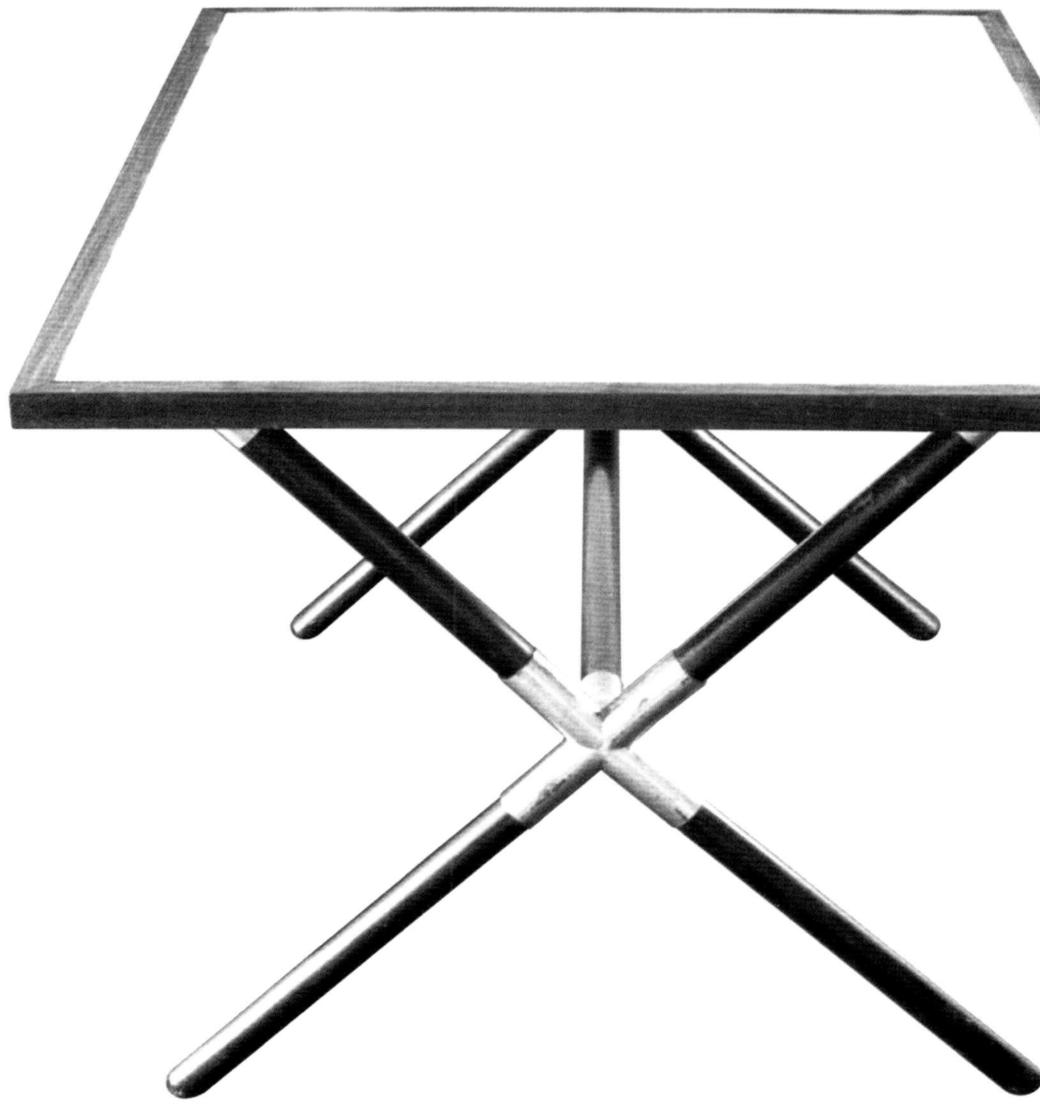

Guéridon tripode, 1963

Plateau en frêne collé sur une âme en feuille d'aluminium plaqué de lamifié blanc satiné, piètements de section triangulaire en frêne collés sur une âme en plat d'aluminium, pièce d'écartement en Inox
Prototype
Fabricant : Christo, ébéniste

Grand admirateur de Gio Ponti, designer italien, et de sa chaise *Superleggera*, Marc Held veut lui associer un guéridon : l'âme en aluminium, dans le plateau et les trois pieds, assure finesse et stabilité. Le plateau en lamifié satiné est bordé de frêne. Une pièce de métal assure l'écartement du tripode. Le profil des pieds, de section triangulaire, s'inspire du modèle italien.

A great admirer of Gio Ponti, the Italian designer, and his Superleggera *chair, Marc Held wanted to combine this with a pedestal table: the aluminum core, along with the top and the three legs, provides delicacy and stability. The semi-gloss laminated top is edged with ash. A piece of metal holds the legs of the tripod apart. The leg profile with its triangular section was inspired by the Italian design.*

Table basse, 1963

Teck d'Asie ou frêne, plateau en contreplaqué recouvert de lamifié satiné blanc
Variante en contreplaqué multipli et plateau en Formica blanc satiné pour l'appartement présidentiel du palais de l'Élysée (1983)
Collection du Mobilier national
H. 40 L. 80 l. 80 cm
(grand modèle en bois de teck d'Asie)
H. 35 L. 60 l. 60 cm
(petit modèle en bois de frêne)
H. 35 L. 60 l. 60 cm
(petit modèle en bois de teck d'Asie)
4 exemplaires
Fabricant : Christo, ébéniste
Distributeur : L'Échoppe

Constructivisme et sensualité. Montrer comment un meuble ou un objet est structuré, adoucir les angles ; ces deux credo constants de Marc Held sont illustrés dans cette table basse en lamifié blanc bordé de frêne. « C'est un peu comme si le meuble se souciait de l'humain. »

Constructivism and sensuality. Showing how a piece of furniture or an object is structured, and softening the corners: Marc Held's two constant credos are exemplified in this white laminate coffee table, bordered with ash. "It is a little as if the piece of furniture cared about the human."

Lampe suspendue, 1963

Laiton tourné, montage par emboîtement
H. 20,5 D. 14 cm
500 exemplaires
Fabricant : Marcel Sternfeld
Distributeur : L'Échoppe

Souvenir d'un voyage au Danemark... ? Disciple des meilleurs designers scandinaves, Marc Held conçoit une suspension lumineuse en laiton. L'astuce constructive : trois segments de cylindres emboîtés, pas de fixation, grâce du dessin et du geste ; la gravitation fait le travail et le tour est joué.

Memory of a trip to Denmark...? A disciple of the best Scandinavian designers, Marc Held designed a hanging lamp in brass. The trick behind the construction: three stacked cylinder segments, which, thanks to the design and the gesture, are not fixed together: gravity does the work and there you have it.

Escalier hélicoïdal, 1963

Noyau et limon en plat d'Inox 18/8 de 10 mm d'épaisseur, marches (en bois de hêtre lamellé collé ou en palissandre) collées sur le noyau en métal, rampe en frêne ou en teck
D. 160 cm pour 2 modèles (L'Échoppe, studio Koubakian)
D. 200 cm pour le *showroom* IBM, tour Montparnasse
3 exemplaires
Fabricant : Établissements Pelletier
Distributeur : L'Échoppe

Le comble du dépouillement et du lyrisme. « Chaque année, des étudiants des Beaux-Arts viennent se faire la main en tentant de dessiner mon escalier ; je suis assez fier de cela. J'ai utilisé ce système de construction deux ou trois fois, en particulier dans le *showroom* IBM de la tour Montparnasse avec un exemplaire assez gigantesque. »

The height of simplification and lyricism. "Every year, fine arts students came to try their hand at drawing my staircase; I am rather proud of that. I used this construction system two or three times, notably in the IBM showroom in the Tour Montparnasse, which was a rather enormous example."

exposition 1er étage

Système de présentation modulaire, 1963

Créé pour la boutique L'Échoppe
Bois de pin, assemblage par queues droites
H. 25 L. 40 l. 40 cm (boîte 1)
H. 25 L. 40 l. 26 cm (boîte 2)
H. 20 L. 18 l. 40 cm (boîte 3)
H. 25 L. 18 l. 18 cm (boîte 4)
20 exemplaires
Fabricant : Christo, ébéniste

À la poursuite du design pour tous et de la simplicité fonctionnelle, le rangement modulaire apporte liberté et diversité. Les objets deviennent éléments du décor : on ne cache plus, on montre ! Les casiers en bois de pin, superposés, juxtaposés, composent un tableau mural. Rien n'est fixe, tout peut bouger.

In pursuit of design-for-all and functional simplicity, the modular storage unit offers freedom and diversity. The objects become decorative elements: no need to hide them away – let them go on display! The pine compartments, superimposed and juxtaposed, compose a mural picture. Nothing is fixed, everything moves.

Étagères à 2 ancrages sur câbles et poulies, 1963

Créées pour les fenêtres à la française de la boutique L'Échoppe
Câbles d'acier Inox de 3 mm de diamètre, poulies spéciales aluminium, croix d'écartement en acier Inox, ridoirs en Inox, platines de fixation hautes et basses en Inox, étagères en lamifié blanc satiné de 4 mm, collé sur une âme en aluminium de 3 mm
2 exemplaires
Fabricant : Marcel Sternfeld

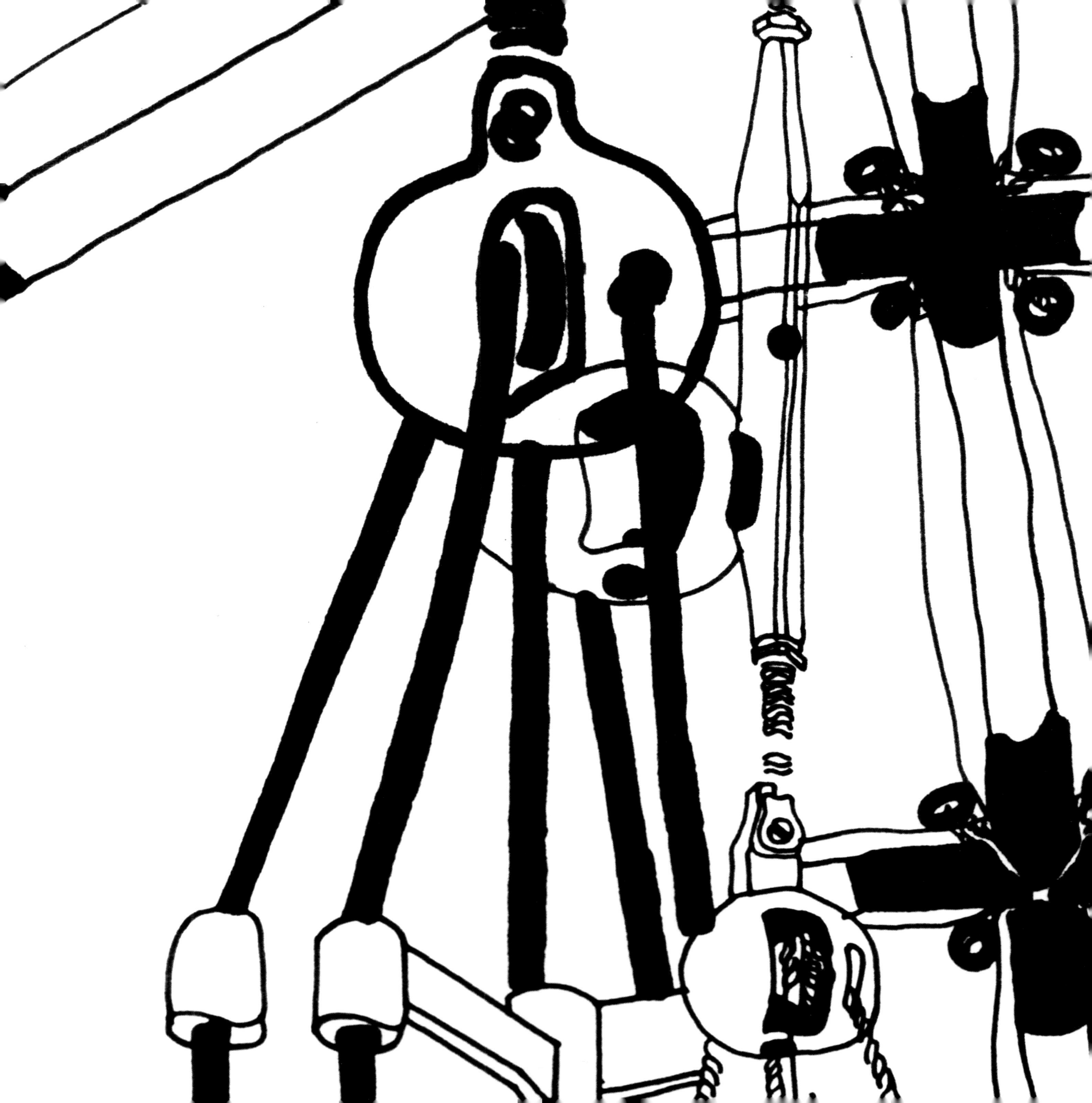

Table tripode, 1965

Plateau en contreplaqué multipli plaqué lamifié blanc satiné, alèses en bois de frêne ou de merisier, piètement tripode en perches de frêne, assemblage par pièces métalliques tubulaires en laiton ou Inox, vis BTR dans des inserts fixés dans le bois
H. 72 D. 120 cm
5 exemplaires
Fabricant : Christo et Nikos Ballas, ébénistes
Distributeur : L'Échoppe

Bois et métal. Fidèle à cette alliance, dans l'esprit « bateau », Marc Held fait apparaître le mode constructif, qui devient en quelque sorte naturellement décoratif. « Je suis un haut partisan du fonctionnalisme, sans rejeter le décor, à condition qu'il dise son nom. » Ici, pas besoin de décor, le meuble parle pour lui-même.

Wood and metal. Faithful to this combination, in the spirit of boats, Marc Held lets the mode of construction appear, thus itself becoming a form of decoration. "I am a strong advocate of functionalism, without rejecting ornamentation, provided that it speaks its own name." No need for decoration here; the piece of furniture speaks for itself.

Siège pivotant basculant *Primo Culbuto*, 1965

Coque en fibre de verre et polyester, gelcoat blanc, butoirs de sécurité en aluminium tourné, contrepoids, sellerie cuir, tissu de laine, fourrure
H. 133 L. 100 P. 54 cm
5 exemplaires (1965)
12 exemplaires numérotés (2013)
Fabricants des coques : Mérat (1965), PBS (2013)
Sellier : Philippe Coulon
Distributeurs : L'Échoppe (1967), galerie Alexis Pentcheff, Marseille (2013), galerie Marion Held-Javal, Paris (2013)

« Ce qui me préoccupe, c'est l'harmonie. Je crée un état de plaisir sensoriel, plaisir sensuel, je ne recherche pas un effet de provocation. »
À Copenhague, dans le hall de l'hôtel SAS, Marc Held, tout jeune designer, s'est lové dans le fauteuil *Egg* d'Arne Jacobsen. Qui pivote, s'incline, sans que l'on devine le mécanisme. De retour à Paris, il sculpte, modélise, en balsa, puis en plâtre, la forme qui va être lestée pour devenir le *Culbuto*, un meuble-sculpture.
Un article dans *Les Lettres françaises* (le journal d'Aragon) évoque les sculptures d'Henry Moore. L'Échoppe reçoit la visite surprise du président de Knoll International, contrat… « Pour un designer français de cette époque, c'était proprement incroyable. »
Épilogue : réédité en 2013 dans sa version initiale, habillé de couleurs vives, le *Primo Culbuto*, oubliant les variantes de l'édition Knoll, brille de l'éclat de sa jeunesse.

"What preoccupies me is harmony. I create a state of sensorial pleasure, sensual pleasure, I don't seek to be provocative."
Copenhagen: in the lobby of the SAS hotel, Marc Held, a very young designer, was nestled in Arne Jacobsen's Egg *armchair. It pivoted and tilted, and he was unable to guess the mechanism. When he returned to Paris, he carved, modeled in balsa and then in plaster, the form that would later come to earth as the* Culbuto, *a piece of furniture-sculpture.*
A review in Les Lettres françaises *(the Aragon literary review) evoked Henry Moore's sculptures. And L'Échoppe received a surprise visit from the president of Knoll International – a contract… "For a French designer of the period, it was just unbelievable."*
Epilogue: reissued in 2013 in its initial version, in bright colors, the Primo Culbuto, *abandoning the Knoll variants, shines with the glow of youth.*

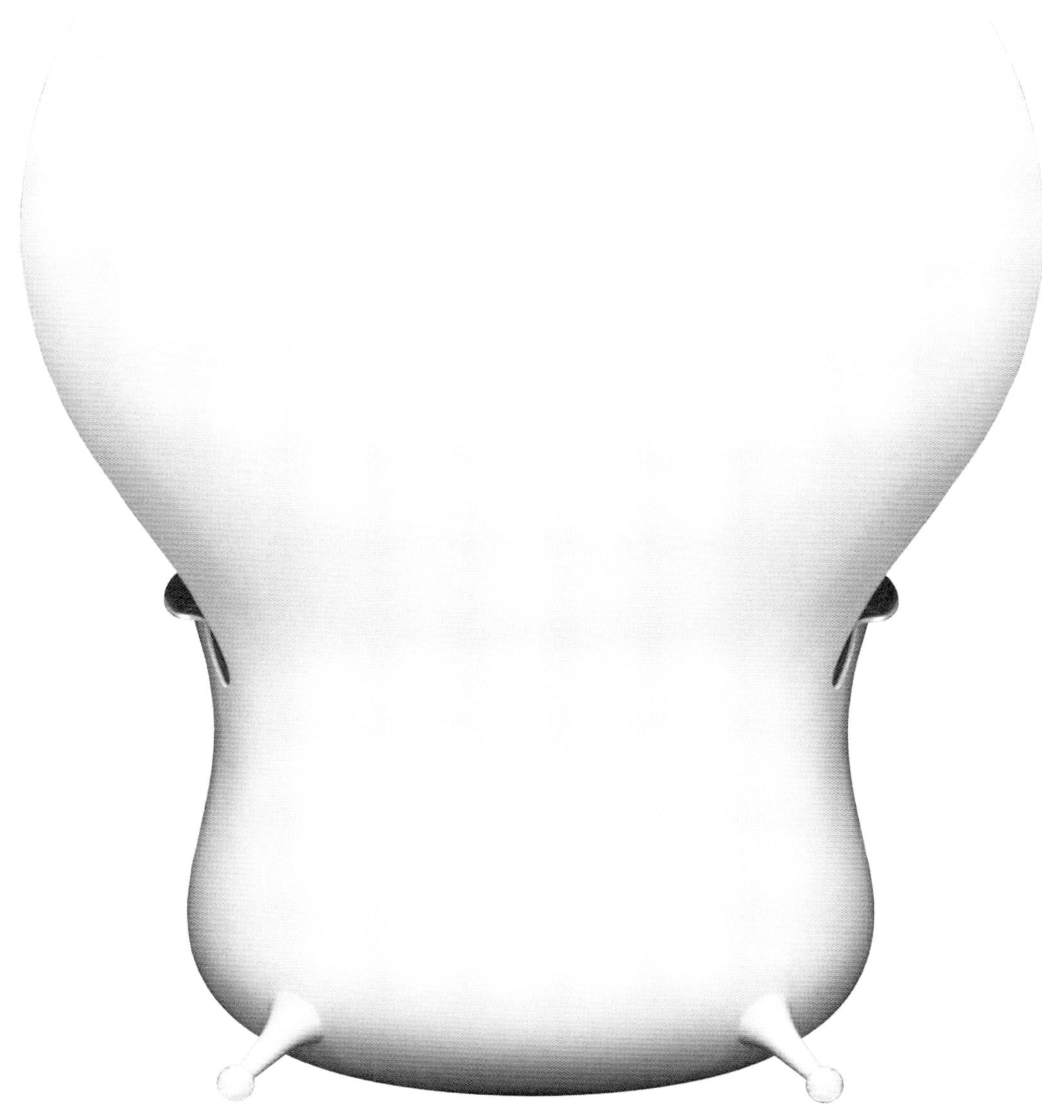

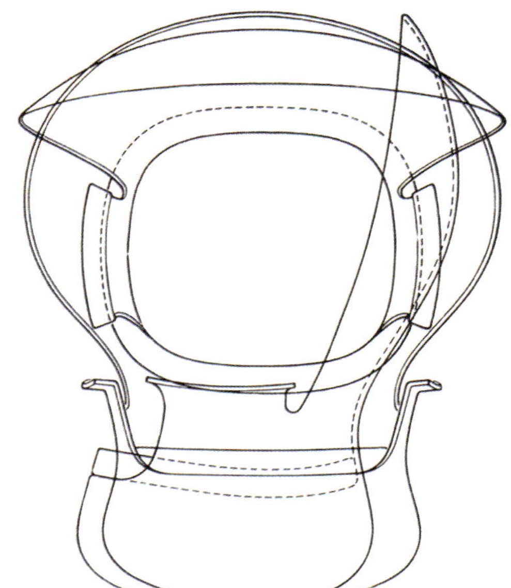

Saladier, 1966

Tôle Inox 18/8 repoussée, finition satinée
H. 22 D. 35 cm
20 exemplaires
Fabricant : Marcel Sternfeld
Distributeur : L'Échoppe

« J'aime les formes rustiques, vernaculaires. Peut-être un souvenir des années de guerre, enfant, en Corrèze. La courbe tendue de ce mandrin, tourné en Inox repoussé chez Sternfeld, artisan de la banlieue parisienne, je la retrouverai plus tard, en dessinant un service en porcelaine, pour la maison Coquet, qui obtint un grand succès. »

"I like rustic, vernacular forms. Perhaps this is a memory of the war years when I was a child in Corrèze. I would later rediscover the tight curve of this embossed steel mandrel at Sternfeld's – a craftsman of the Parisian suburbs who designed a porcelain service for the Coquet firm, received with great success."

Rideau, 1966

Lin, coton et fil doré
L. 2 000 environ l. 120 cm
Fabricant : Geneviève Dupeux

Bibliothèque modulaire, 1966

Éléments modulaires à entailles droites ou gauches permettant des assemblages divers, contreplaqué moulé de 10 mm, plaqué sur les deux faces de lamifié postformé blanc satiné ; coloris rouge ou blanc
H. 45 L. 89 l. 36 cm
60 exemplaires
Fabricant : Établissements Joyeux
Distributeur : L'Échoppe

« Mettre les objets du quotidien à la disposition du plus grand nombre. Cette utopie des années 1960, j'y croyais... Je voulais faire des étagères modulaires, un seul moule, une seule forme, une infinité de combinaisons possibles, un montage ultra-simple... Pourquoi cela n'a-t-il jamais été édité, diffusé, distribué ? »

"Putting everyday objects at the disposal of the largest number of people. I believed in that utopia of the 1960s... I wanted to make modular bookshelves, a single mold, a single form, an infinity of possible combinations, an ultra-simple assembly... Why wasn't this ever issued, disseminated, distributed?"

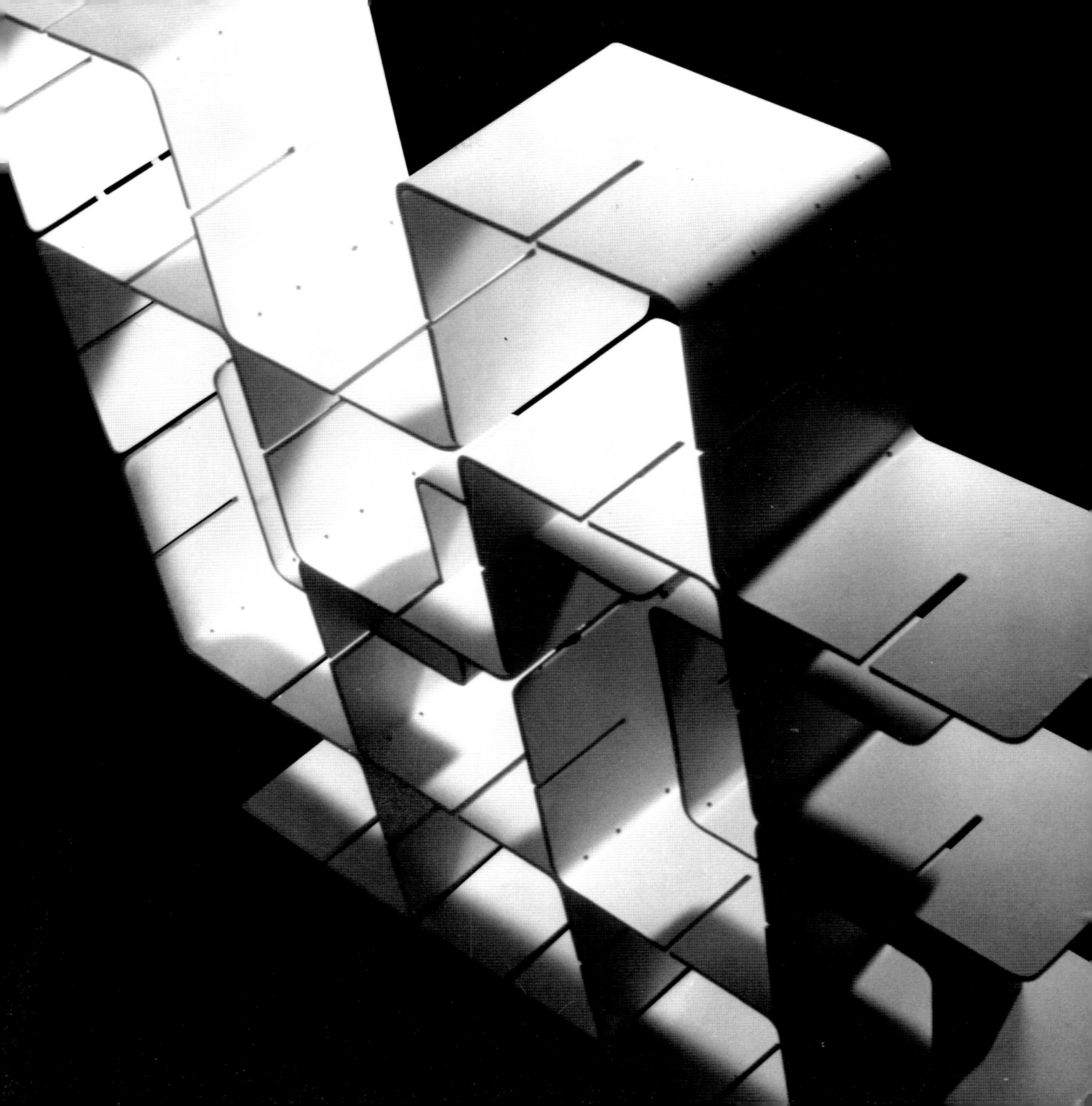

Passio secundum
Matthæum
J. S. BACH · JOHANNES PASSION

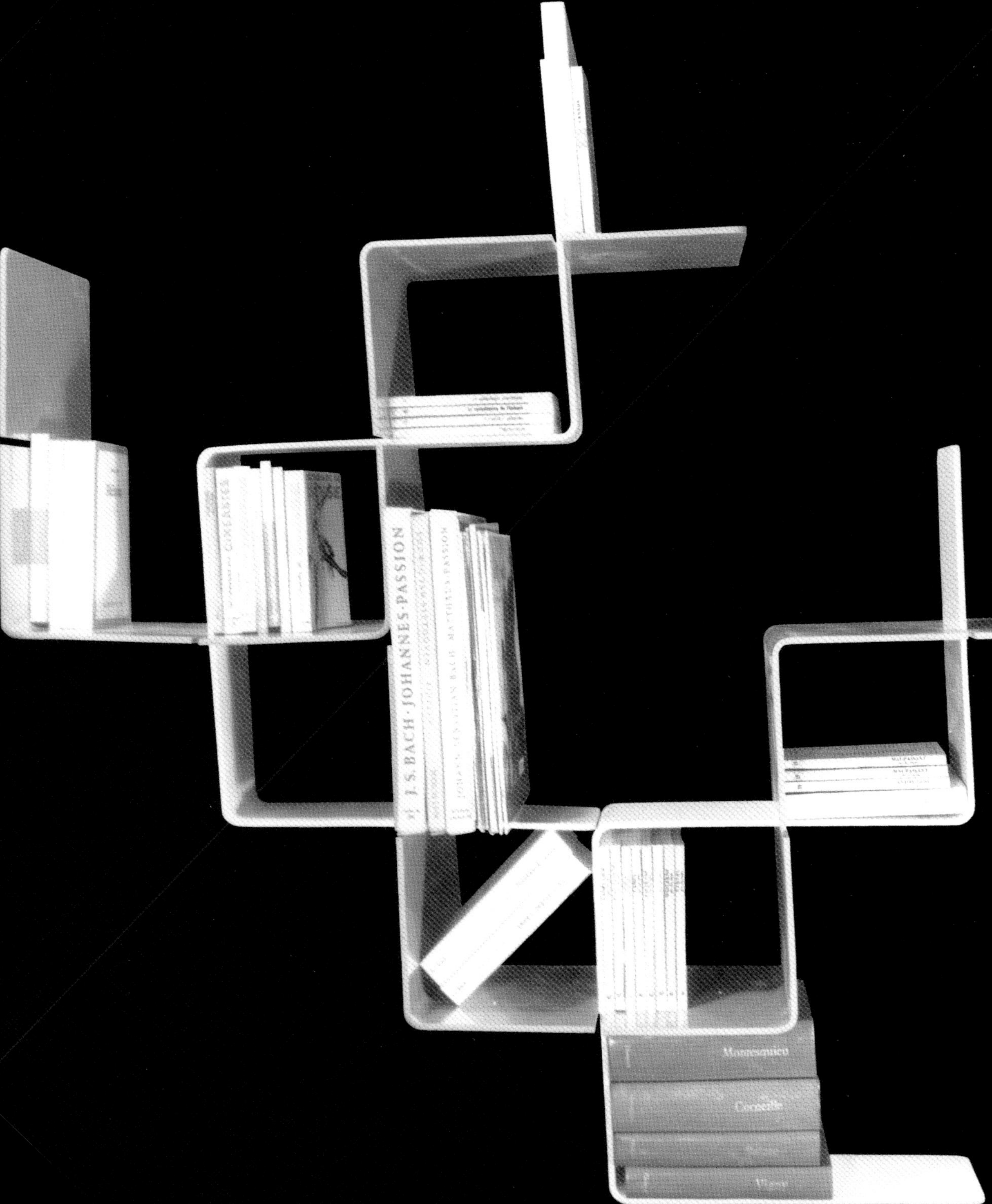
J. S. BACH · JOHANNES-PASSION
Montesquieu
Corneille

Catalogue Créateurs & Industriels, 1967

Pour des renseignements exhaustifs concernant une grande partie des créations de Marc Held réalisées en fibre de verre et polyester, on peut consulter la reproduction ci-jointe du catalogue édité vers 1967 par Créateurs & Industriels

« Ce que j'avais fait avec Prisunic a entraîné mon passage chez Créateurs & Industriels, créé par Didier Grumbach et Andrée Putman qui venaient d'ouvrir un espace d'exposition rue de Rennes, collaborant avec Issey Miyake pour la mode et avec moi pour le design. Ils voulaient en exclusivité mes anciennes et mes nouvelles créations, reprenant par exemple les lits et les meubles en polyester. Ils allaient s'occuper de moi, m'envoyer aux États-Unis. En fait ils n'ont pas cherché à vendre et ne m'ont présenté aucun éditeur. J'étais donc prisonnier et j'ai repris (difficilement) ma liberté. Reste un beau catalogue. »

"What I did with Prisunic led to my working with Créateurs & Industriels, founded by Didier Grumbach and Andrée Putman, who had just opened an exhibition space on the rue de Rennes, collaborating with Issey Miyake for fashion and with me for design. They wanted to have exclusive use of my creations both old and new, for example the polyester beds and furniture. They were going to take care of me, send me to the United States. It turned out that they weren't trying to sell and they didn't introduce me to any manufacturers. So I was a prisoner and I had a hard time regaining my freedom. What remained was a beautiful catalogue."

GRAND BUREAU
réf. B 215
long. 150 cm - larg. 75 cm
haut. 73 cm
coloris: blanc, autres couleurs sur demande.

PETIT BUREAU
réf. B 211
long. 110 cm - larg. 60 cm
haut. 69 cm
coloris: blanc, autres couleurs sur demande.

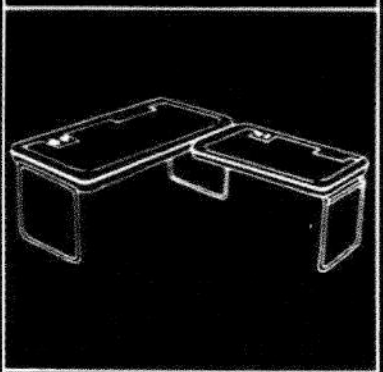

BUREAUX EN EQUERRE
réf. BR 226
coloris: blanc, autres couleurs sur demande.

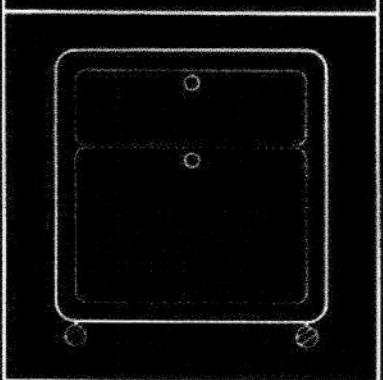

CAISSON A ROULETTES A 2 TIROIRS
réf. BCR 202
prof. 47 cm - larg. 47 cm
haut. 47 cm
coloris: blanc, autres couleurs sur demande.

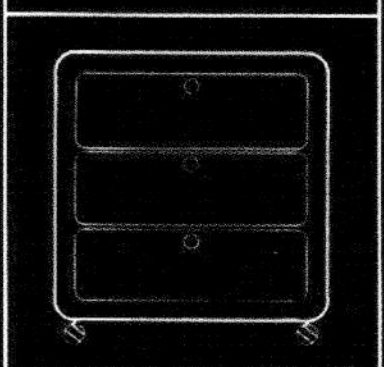

CAISSON A ROULETTES A 3 TIROIRS
réf. BCR 203
prof. 47 cm - larg. 47 cm
haut. 47 cm
coloris: blanc, autres couleurs sur demande.

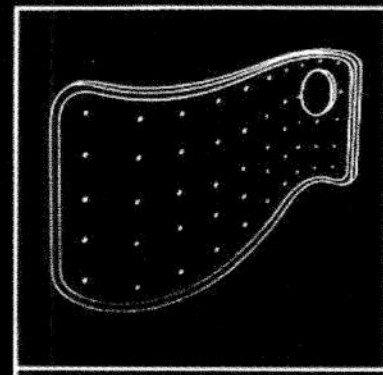

CLOISON MOBILE GRAND MODELE AVEC HUBLOT
réf. CGH 217
long. 290 cm - haut. 170 cm
épais. 8 cm
coloris: blanc, autres couleurs sur demande.

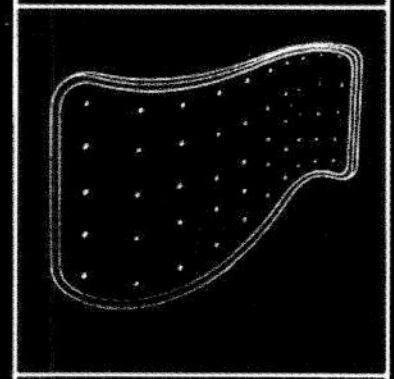

CLOISON MOBILE GRAND MODELE SANS HUBLOT
réf. CG 217
long. 290 cm - haut. 170 cm
épais. 8 cm
coloris: blanc, autres couleurs sur demande.

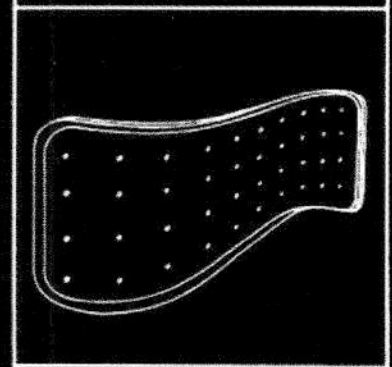

CLOISON MOBILE PETIT MODELE SANS HUBLOT
réf. CP 213
long. 290 cm - haut. 130 cm
épais. 8 cm
coloris: blanc, autres couleurs sur demande.

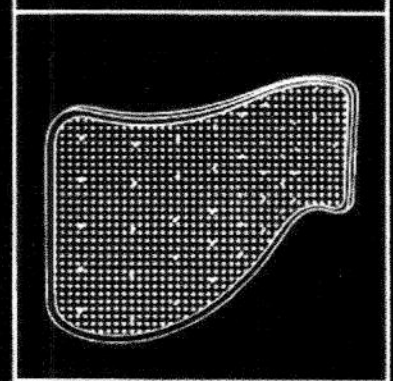

CLOISON MOBILE GRAND MODELE AVEC FLOCKAGE
réf. CGF 217
long. 290 cm - haut. 170 cm
épais. 8 cm
coloris: blanc, autres couleurs sur demande.

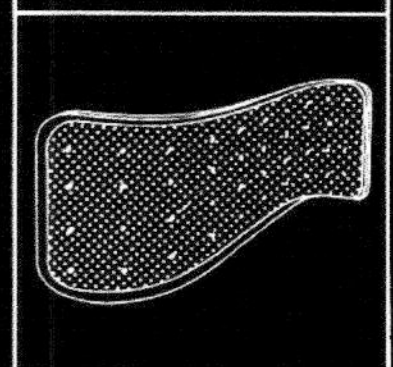

CLOISON MOBILE PETIT MODELE AVEC FLOCKAGE
réf. CPF 213
long. 290 cm - haut. 130 cm
épais. 8 cm
coloris: blanc, autres couleurs sur demande.

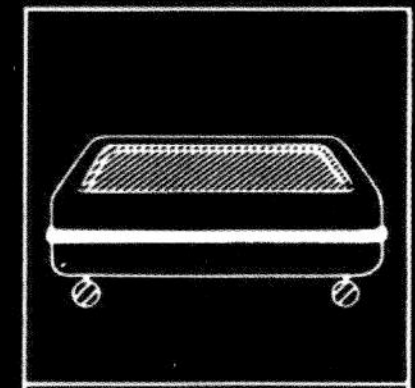

TABLE BASSE A ROULETTES
réf. TBR 369
long. 69 cm - larg. 69 cm
haut. 22 cm
coloris: blanc, autres couleur
sur demande.

SIEGE ROND A ROULETTE
réf. SRR 357
⌀ 57 cm - haut. 26 cm
coloris: blanc, autres couleur
sur demande.

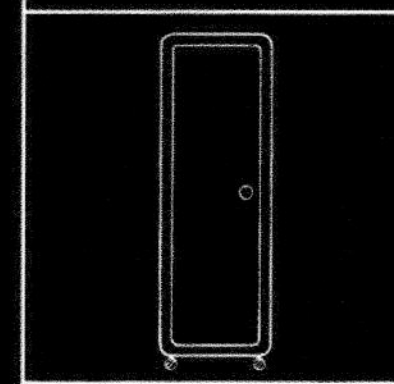

GRAND CONTAINER
réf. RAG 300
haut. 190 cm - larg. 63 cm
prof. 50 cm
coloris: blanc, autres couleur
sur demande.

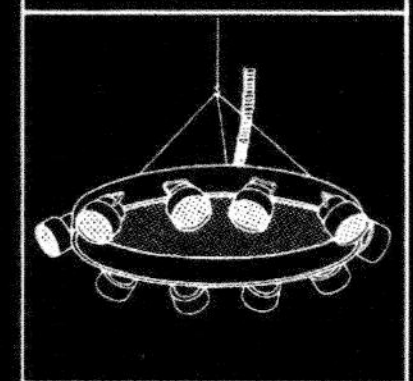

LUSTRE
réf. LUI 300
LUSTRE
réf. LUM 300
⌀ 50 cm

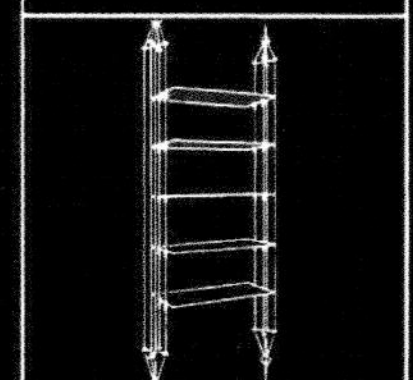

ETAGERES SUSPENDUES
réf. ECA 300 (altuglas)

ETAGERES SUSPENDUES
réf. ECC 300
(contreplaqué multipli)
Hauteur: 230 cm à 370 cm
Etagères: prof. 25 cm
long. 63 cm

COUCHETTE
réf. LC 109
cotes de couchage: larg. 90 cm
long. 190 cm - haut. 26 cm
coloris: blanc, autres couleurs sur demande.

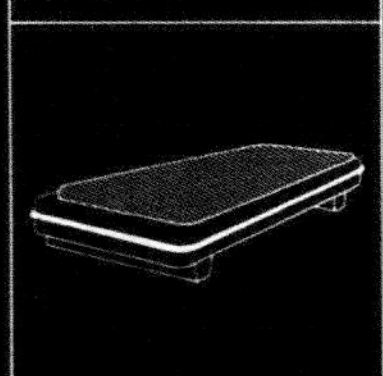

COUCHETTE HAUTE
réf. LCH 109
cotes de couchage: larg. 90 cm
long. 190 cm - Haut. 45 cm
coloris: blanc, autres couleurs sur demande.

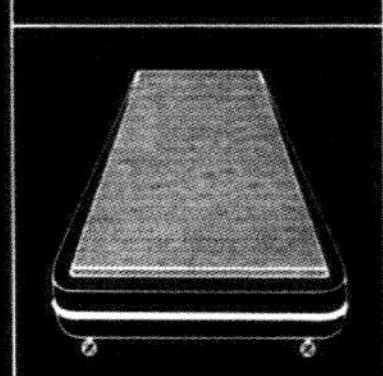

COUCHETTE
Réf. LC 107
cotes de couchage: larg. 70 cm
long. 190 cm - haut. 26 cm
coloris: blanc, autres couleurs sur demande.

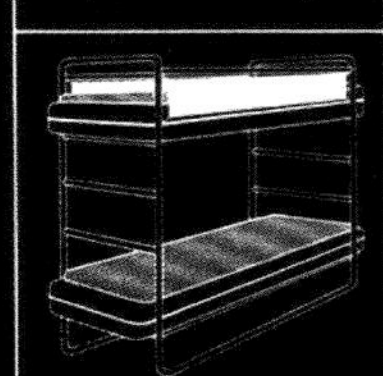

STRUCTURE POUR COUCHETTES SUPERPOSEES
réf. LS 109
réf. LS 107
cotes hors tout: larg. 114 cm
long. 205 cm - haut. 200 cm

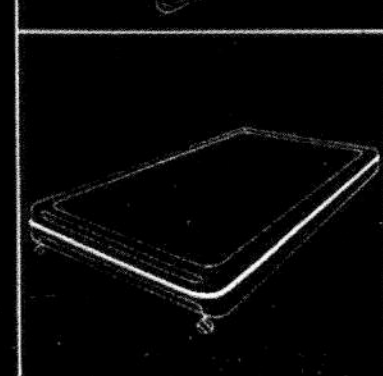

COUCHETTES
réf. LC 101
réf. LCP 101
cotes de couchage: larg. 100 cm
long. 200 cm - haut. 26 cm
larg. 100 cm - long. 200 cm
haut. 52 cm
coloris: blanc, autres couleurs sur demande.

COUCHETTE DOUBLE
réf. LC 114
cotes de couchage:
larg. 140 cm - long. 200 cm
haut. 26 cm
coloris: blanc, autres couleurs sur demande.

COUCHETTE DOUBLE HAUTE
réf. LCP 114
cotes de couchage:
larg. 140 cm - long. 200 cm
haut. 52 cm
coloris: blanc, autres couleurs sur demande.

TETE DE LIT POUR COUCHETTE SIMPLE
réf. LT 109
larg. 100 cm - haut. 50 cm
épais. 18 cm
coloris: blanc, autres couleurs sur demande.

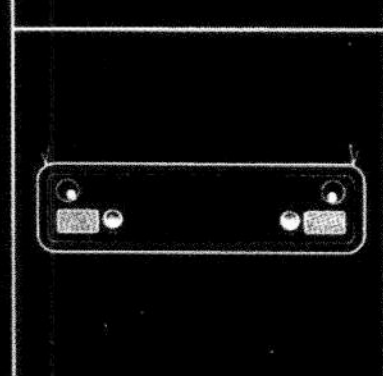

TETE DE LIT POUR COUCHETTE DOUBLE
réf. LT 114
larg. 150 cm - haut. 50 cm
épais. 18 cm
coloris: blanc, autres couleurs sur demande.

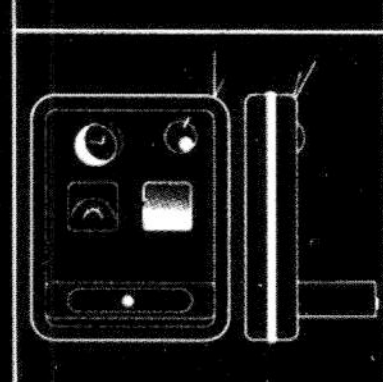

COMBINE LATERAL AVEC TABLETTE
réf. LTC 101
coloris: blanc, autres couleurs sur demande.

CHAISE COQUE AVEC PIED FIL
réf. CO-F 300
(laquée) coloris : blanc, jaune, bleu marine, rouge, autres couleurs sur demande
réf. CO-F 301
(métal naturel vernis)
réf. CO-F 302
(acier inoxydable)

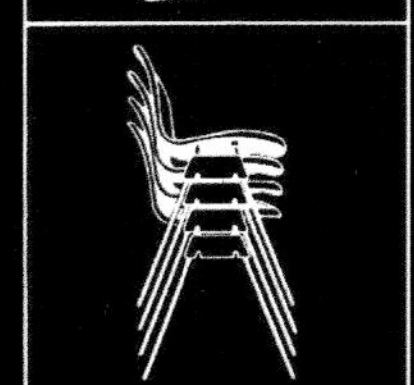

CHAISE COQUE AVEC GRIFFES LATERALE
réf. CO-FG 300
(laquée) coloris: blanc, jaune, bleu marine, rouge, autres couleurs sur demande
réf. CO-FG 301
(métal naturel vernis)
réf. CO-FG 302
(acier inoxydable)

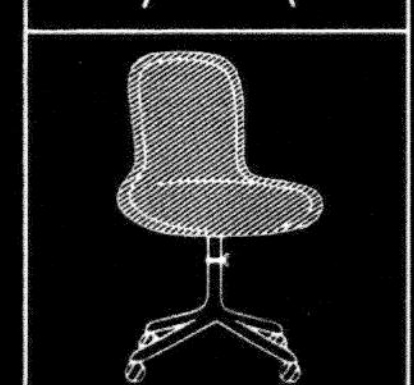

CHAISE COQUE AVEC PIED CENTRAL A 4 ROULETTES
réf. CO-C 300
(laquée) coloris: blanc, jaune, bleu marine, rouge, autres couleurs sur demande
réf. CO-C 301
(métal naturel vernis)
réf. CO-C 302 (acier inoxydab

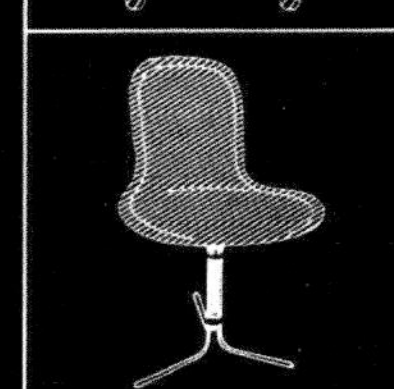

CHAISE COQUE AVEC PIED CENTRAL FIL
réf. CO-FC 300
(laquée) coloris: blanc, jaune, bleu marine, rouge, autres couleurs sur demande
réf. CO-FC 301
(métal naturel vernis)
réf. CO-FC 302
(acier inoxydable)

COUSSIN
Il s'adapte parfaitement à la
coque de la chaise
(fixation par Velcro).

Lit à 1 place sur roulettes, la *Couchette*, 1966

Double coque en fibre de verre et polyester ceinturée d'un joint de caoutchouc d'assemblage en forme de T
H. 26 L. 190 l. 90/70 cm
200 exemplaires environ
Fabricant : Mérat
Distributeurs : Prisunic, L'Échoppe, Créateurs & Industriels

Ultra-simple : deux coques en fibre de verre moulée, un joint de caoutchouc. En blanc et noir, une démonstration magistrale de simplicité constructive. Un seul moule, dessus ; dessous, un lit, sur roulettes. Dans l'esprit des maîtres du Bauhaus, avec les matériaux du moment, du mobilier pour une maison témoin dessinée par l'architecte Georges Candilis à Barcarès, à la demande d'un jeune publicitaire, Jacques Séguéla. « Je fonçai comme un fou et préparai des dessins de lits, de tables, de cuisines. » Succès. « Dans les années 1960, la nouveauté faisait recette, des files d'attente se formaient pour voir ce mobilier à 20 cm du sol. » La suite est connue : contacté pour le catalogue de meubles Prisunic, Marc Held dessine une table basse et un pouf, sur le même principe. Et les fait fabriquer par Mérat qui réalisait les sièges de Saarinen pour Knoll.

Ultra-simple: two molded fiberglass shells, and a rubber gasket. In black and white, a brilliant demonstration of simplicity in construction. Above, a single mold; below, a bed on wheels. In the spirit of the Bauhaus masters, the materials of the time, and of the furniture for a model house designed by the architect Georges Candilis in Barcarès, commissioned by the young publicist Jacques Séguéla. "I jumped in like a madman and prepared the drawings of the beds, the tables, the kitchens." Success. "In the 1960s, new items were very popular and lines formed to see these pieces of furniture 20cm off the floor." We know what happened next: contacted for the Prisunic furniture catalogue, Marc Held designed a coffee table and ottoman using the same principle. And he had them made by Mérat, who had fabricated Saarinen's chairs for Knoll.

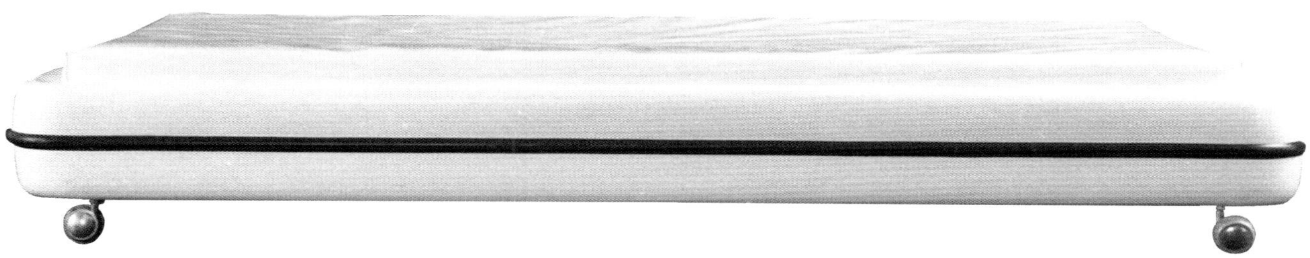

Table basse carrée à roulettes, 1966

Double coque en fibre de verre et polyester ceinturée d'un joint de caoutchouc d'assemblage en forme de T
H. 25 L. 60 l. 60 cm
100 exemplaires environ
Fabricant : Mérat
Distributeurs : Prisunic, L'Échoppe, Créateurs & Industriels

KOHO CHAMPION

Siège rond à roulettes, le *Pouf*, 1966

Double coque en fibre de verre et polyester ceinturée d'un joint de caoutchouc d'assemblage en forme de T, coussin en mousse recouvert de cuir synthétique noir ou blanc
H. 26 D. 57 cm
50 exemplaires environ
Fabricant : Mérat
Distributeurs : Prisunic, L'Échoppe, Créateurs & Industriels

Lit double en 2 parties, le *Lit Prisunic*, 1966

Monocoque en fibre de verre et polyester, éclairages incorporés
H. 20 L. 190 l. 140 cm (couchage)
400 exemplaires environ
Fabricant : Mérat
Distributeurs : Prisunic, L'Échoppe, Créateurs & Industriels

L'aventure Prisunic est un conte cruel. Première époque : le lit double de Marc Held fait la couverture du numéro 4 du fameux catalogue qui paraît au printemps 1968. Cette collection de mobilier vendu par correspondance symbolise la modernité de l'enseigne populaire, animée par Francis Bruguière et Yves Cambier, qui font appel à des designers prometteurs, comme le francophile Terence Conran, fondateur à Londres d'Habitat.
Deuxième époque : le succès. Le lit est montré dans la vitrine de L'Échoppe, draps défaits comme au petit matin, ce qui est jugé indécent : la police intervient (« Me croira-t-on si je raconte que des policiers en civil vinrent nous demander de bien vouloir refaire le lit au carré »). Mais Prisunic y croyait-il assez ? Les commandes affluent, le fabricant ne peut pas suivre... Déceptions... Arrivera ensuite la crise du pétrole : « Mes lits, qui devaient être des objets de grande consommation, devinrent du jour au lendemain des produits de luxe. »

The Prisunic adventure was a cruel tale. The first period: Marc Held's double bed made the cover of issue no. 4 of the famous catalogue published in the spring of 1968. This mail-order furniture collection symbolized the modernity of this modest-cost store, headed by Francis Bruguière and Yves Cambier, who called upon promising designers like the Francophile Terence Conran, the founder of Habitat in London. Second period: success. The bed was displayed in the shop window of L'Échoppe, sheets rumpled as if in early morning, which was considered indecent: the police intervened ("Would people believe me if I said that plain-clothes policemen came and asked us to remake the bed?"). But did Prisunic have enough belief in it? Orders flowed in, and the manufacturer couldn't keep up... Disappointments... Next came the oil crisis: "My beds, which should have been mass-consumption items, overnight became luxury products."

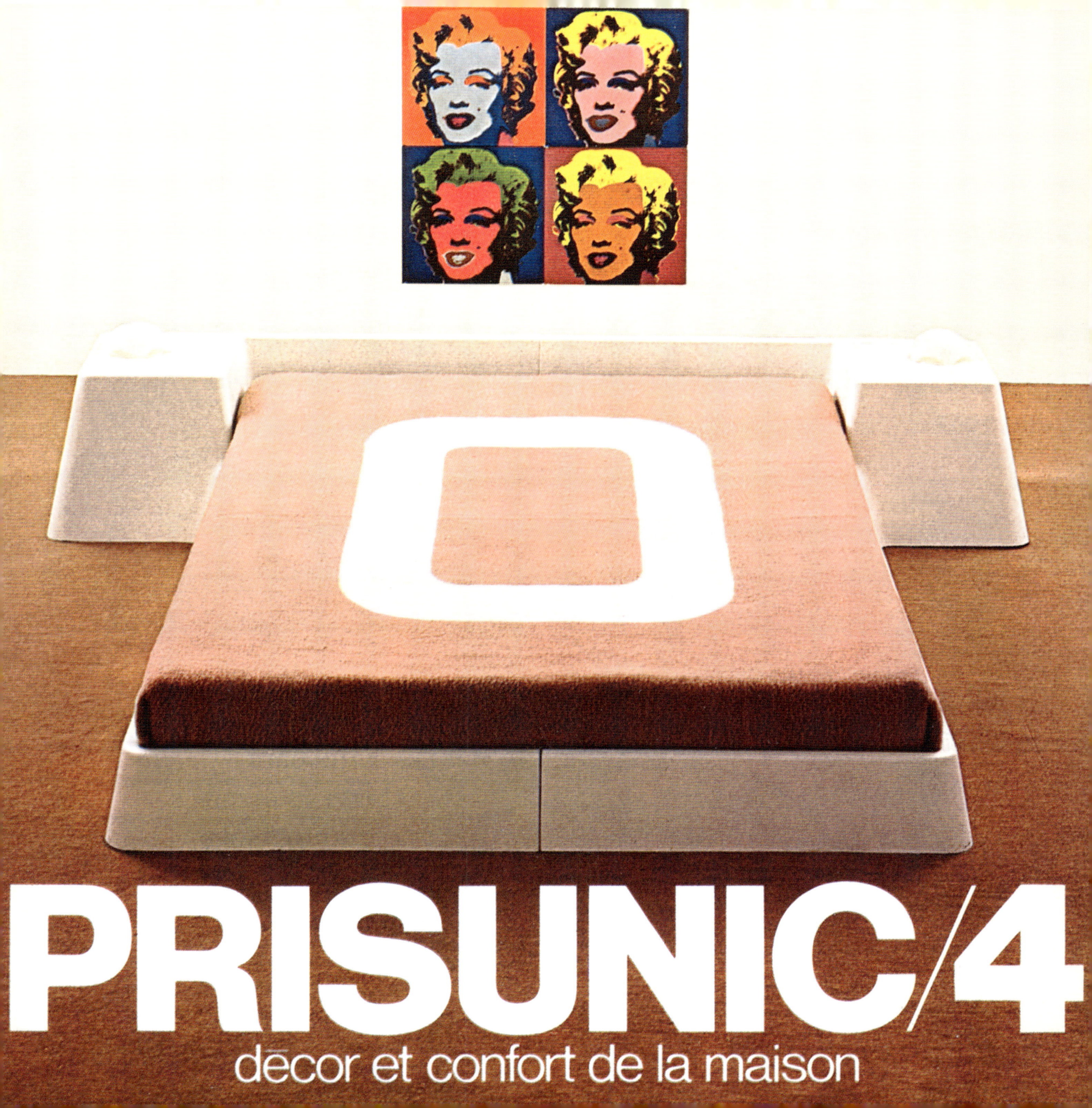
PRISUNIC/4
décor et confort de la maison

THAT'S THE WAY--IT SHOULD HAVE BEGUN! BUT IT'S HOPELESS!

Lit double en 2 parties, le *Wilshire*, 1966

Version surélevée du *Lit Prisunic* créée pour le Beverly Wilshire Hotel à Los Angeles
Monocoque en fibre de verre et polyester, éclairages incorporés
H. 40 L. 200 l. 160 cm
60 exemplaires environ
Fabricant : Kincaid Industries, Caroline du Nord
Distributeur : Créateurs & Industriels

« La fibre de verre, c'est ingrat comme matériau, mais cela nous libérait de l'orthogonalité. On prend du plâtre ou du balsa, on sculpte, on prend une empreinte, puis on moule en fibre de verre. »
Rigueur douce du dessin, stabilité renforcée par un soubassement, la version « lits jumeaux » du modèle Prisunic séduit la propriétaire du Negresco à Nice, pour un hôtel... à Beverly Hills (Los Angeles, Californie). Pas moins.

"Fiberglass is a difficult material, but it freed us from orthogonality. You take plaster or balsa, you sculpt or carve it, you take an impression, then you mold it in fiberglass."
The gentle rigor of the design, its stability strengthened by a base, the "twin beds" version of the Prisunic model entranced the owner of the Negresco in Nice, for a hotel... in Beverly Hills (Los Angeles, California). No less.

Cloisons mobiles pour bureaux paysagés, 1966

Double coque en fibre de verre et polyester, injectée de mousse de polyuréthane et perforée rythmiquement afin de permettre la fixation d'équipements divers ; coloris rouge et blanc, avec et sans hublot (voir le catalogue Créateurs & Industriels p. 74)
H. 170 L. 280 É. 8 cm
30 exemplaires environ
Fabricant : Lifschitz
Distributeurs : L'Échoppe, Créateurs & Industriels

Caisson à roulettes et à tiroirs, 1967

Contreplaqué multipli, laqué satiné
H. 47 L. 47 l. 47 cm
20 exemplaires environ
Fabricant : Christo, ébéniste
Distributeurs : L'Échoppe, Créateurs & Industriels

« Je ne peux pas imaginer un objet isolé. J'aime penser le tout, dans un environnement social et matériel. » Illustration : avec cet ensemble composé d'éléments autonomes, comme le caisson sur roulettes, ou intégrés, comme la lampe à fibre optique, Marc Held dessine – aussi – une cloison mobile. Il répond ainsi à la demande, toute nouvelle à l'époque, de bureaux paysagés. Comment travailler ensemble et préserver une relative sérénité ? L'unité de formes et le blanc Courrèges sont là pour tempérer l'atmosphère.

"I can't imagine an isolated object. I like to think of the whole, in a social and physical environment." Illustration: this set composed of autonomous elements, like the box on wheels, or integrated, like the optical fiber lamp – and Marc Held also designed a mobile partition. He thus met the demand, brand new in this period, for landscaped offices. How can you work together and preserve relative serenity? The unity of forms and the white Courrèges were there to temper the ambience.

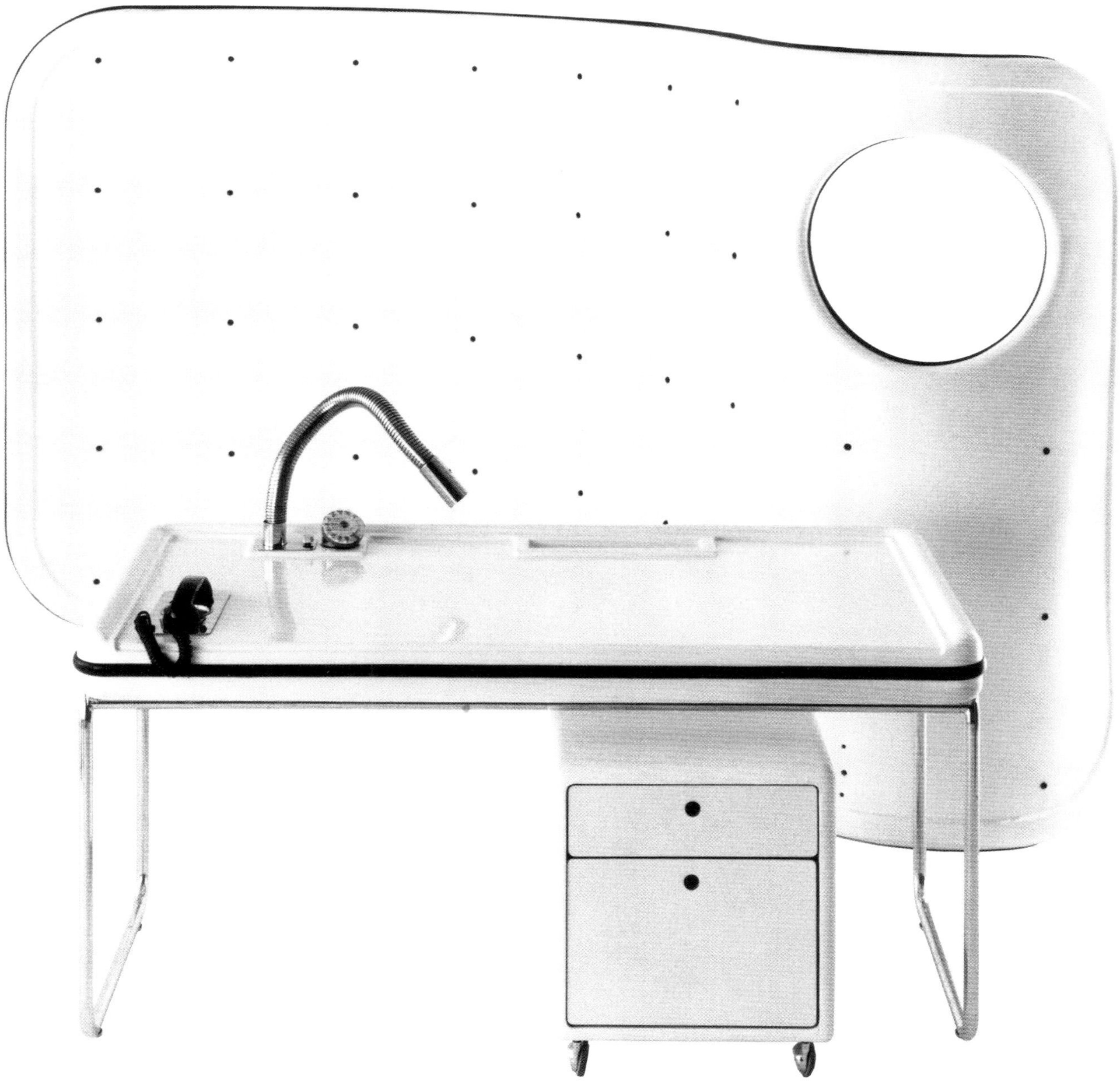

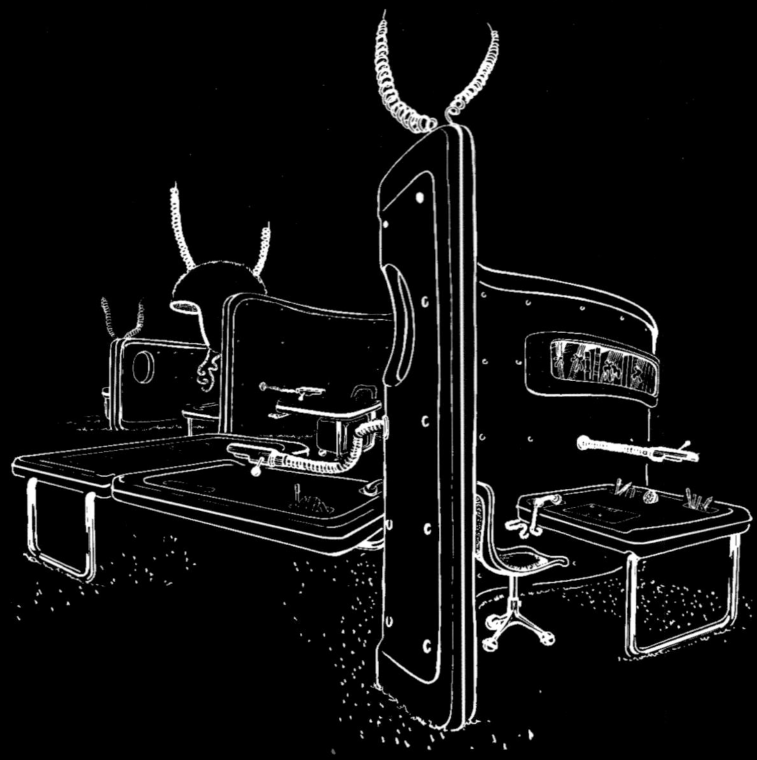

tel.
tel.
elec.

ART D'AUJOURD'HUI
ARCHITECTURE
DESIGN

Table de bureau, 1967

Double coque en fibre de verre et polyester, injectée de mousse de polyuréthane, joints de caoutchouc, alvéoles incorporées pour crayons, lampe et téléphone, piètement en tube chromé ; coloris rouge, blanc et jaune
H. 73 L. 150 l. 75 cm (grand modèle)
H. 69 L. 110 l. 60 cm (petit modèle)
100 exemplaires environ
Fabricant : Mérat
Distributeurs : Prisunic, L'Échoppe, Créateurs & Industriels

« J'ai vécu cette période (1965-1968) dans un état d'exaltation continue. Les possibilités d'expression offertes par le plastique semblaient sans limites, comme semblaient sans limites les succès médiatiques que j'obtenais. »

"I lived through this period (1965–1968) in a state of constant excitement. The expressive possibilities offered by plastic seemed infinite, much like the media success that my works enjoyed."

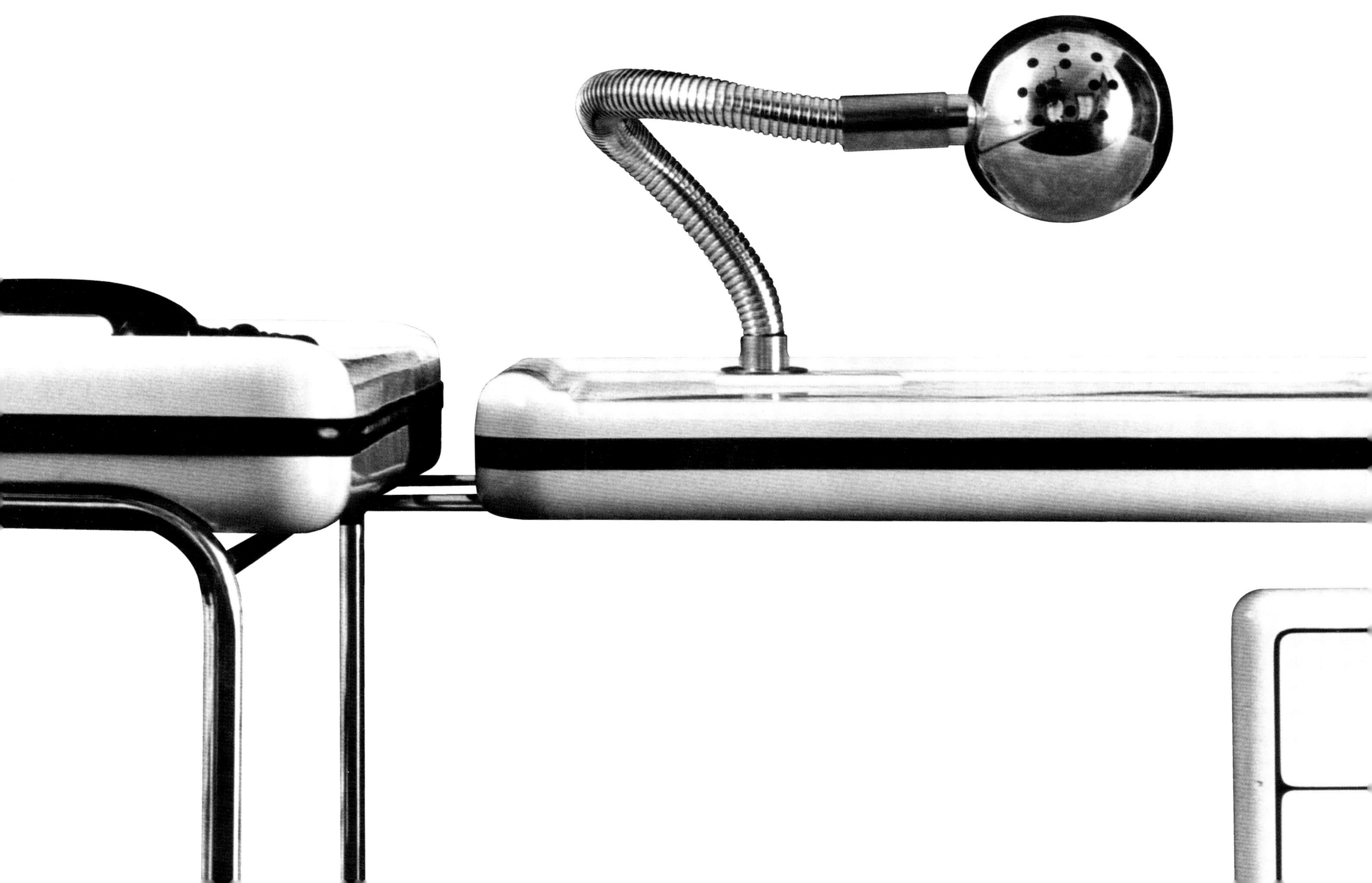

Lampe à fibre optique, 1967

Tube flexible articulé en acier Inox, réflecteur en tube chromé, source de lumière froide sous le plateau du bureau
Exemplaire unique (prototype)
Fabricant : Marcel Sternfeld

Arrondir les angles. L'exercice déjà accompli avec les meubles en teck revient naturellement avec la matière plastique. Une façon de souligner comment ce lieu de travail peut être amical, favorable à la concentration et, en même temps, léger, non oppressant. La lampe souple, équipée d'une fibre optique, trente ans avant que cet usage devienne courant, éclaire sans encombrer.

Rounding the corners. This approach, already successful with teak furniture, was natural for plastic. A way of underlining how the workplace could be friendly, favorable for concentration and, at the same time, light yet not oppressive. The flexible lamp, built with fiber optics thirty years before such use became commonplace, illuminates without encumbering.

Lampe de bureau, 1967

Tube flexible articulé en acier Inox, coupelle hémisphérique en tôle chromée perforée
D. coupole 17 D. flexible 4 cm
3 exemplaires (prototypes)
Fabricant : Marcel Sternfeld

Ici, il ne manque que l'ordinateur, la tablette ou le smartphone… L'anachronisme du cadran de téléphone et la séparation, inventée par Marc Held, du combiné à l'ancienne, encastré dans le plateau de table, soulignent l'avance prise par le designer sur les révolutions technologiques à venir. Quelques décennies… d'impatience !

Missing only a computer, tablet or smartphone… The anachronism of the telephone dial, and the separation, invented by Marc Held, of the old-style handset, built into the tabletop, underlined the designer's prefiguring of the technological revolutions to come… only a few impatient decades later!

Table-portefeuille carrée, 1966

Pieds et alèses du plateau en bois de hêtre, de frêne ou de merisier, plateau plaqué lamifié satiné blanc
H. 75 L. 70 l. 70 cm
8 exemplaires
Fabricants : Christo et Nikos Ballas, ébénistes
Distributeur : L'Échoppe

Bois et lamifié. Dans un constant retour aux matériaux et à la simplicité rustique des meubles de campagne, Marc Held ne se cantonne pas aux nouveaux plastiques qui l'enchantent. Carrée, solide, franche comme un établi, mais aussi dépliante, ouverte, accueillante comme un repas d'amis, la petite table se rend utile sans prendre trop de place. Toujours le souci de conjuguer les contraintes.

Wood and laminate. Constantly returning to the materials and the simplicity of rustic country furniture, Marc Held did not limit himself to the new plastics that so enchanted him. Square, solid, as frank as a workbench, but also folding, open, as welcoming as a meal with friends, the small table makes itself useful without taking up too much room. Always the concern for meeting constraints.

Lustre, 1967

Ampoules à réflecteurs argentés, douilles en porcelaine, suspension par câbles électriques, variateur
D. 104 cm
2 exemplaires (hôtel des Dromonts, Avoriaz, 1967, hôtel Frantel, Reims, 1974)

Devant ce lustre, on pourrait parler de fonctionnalisme poétique. Le designer ose montrer comment c'est fait, comment c'est construit, avec les câbles, les douilles, les ampoules apparentes. Et, en amateur secret du XVIIIe siècle, il magnifie l'objet, doublement : par sa fonction, qui est d'éclairer ; par son histoire, qui est d'embellir et de signaler le lieu de la convivialité. Une proposition tellement moderne que l'on retrouvera, dans les années 1990, un luminaire de la même famille, chez les Néerlandais de Droog Design.

Faced with this chandelier, we might talk of poetic functionalism. The designer dares show how it was made, how it was constructed, with its visible cables, sockets and light bulbs. And, as a secret devotee of the 18th century, he has magnified the object in two ways: both through its function, which is to provide light; and through its history, which is to signal and embellish the space of conviviality. A proposal so modern that, even in the 1990s, one might find a lighting fixture from the same family at the Dutch office of Droog Design.

Table de bureau, 1967

Créée pour l'hôtel des Dromonts, Avoriaz
Contreplaqué plaqué de lamifié blanc mat, alèses en acajou verni, boutons en bois tourné, piètement en tube chromé
90 exemplaires environ
Fabricant : Marcel Sternfeld

Coffre bas à 2 tiroirs, 1967

Créé pour l'hôtel des Dromonts, Avoriaz
Contreplaqué plaqué de lamifié blanc mat, alèses en acajou verni, boutons en bois tourné
90 exemplaires environ
Fabricant : Marcel Sternfeld

Embarqué par Gérard Brémond, amateur de jazz, jeune et intrépide promoteur d'Avoriaz, station nouvelle en Haute-Savoie d'où la voiture serait bannie, Marc Held participe durant trois ans aux débuts de l'aventure, avec les architectes Jacques Labro, Jean-Jacques Orzoni et Jean-Marc Roques. L'hôtel des Dromonts est leur chef-d'œuvre, ainsi que les premiers chalets : les formes fantasques exaltent des silhouettes en forme de rochers, tout en respectant les traditions montagnardes et l'unité du bardage de bois. Par la suite, les immeubles et les résidences seront de facture assez banale. Pour l'aménagement intérieur, Marc Held dessine pour le hall une banquette en béton moulé formant amphithéâtre ; dans les chambres, bureau et meuble bas, en lamifié et bois. Les fauteuils sont de Pierre Paulin.

Taken onboard by Gérard Brémond – jazz lover, and the young and fearless promoter of Avoriaz, the new winter resort in Haute-Savoie that would soon ban cars – Marc Held was involved for three years in the beginning of the resort project, alongside the architects Jacques Labro, Jean-Jacques Orzoni and Jean-Marc Roques. The Les Dromonts hotel was their masterpiece, as well as the first chalets: the fantastic forms glorify the rock-shaped silhouettes, while respecting mountain traditions and the unity of wood cladding. Later buildings and residences would be constructed in a rather commonplace style. Regarding the interior layout, for the lobby Marc Held designed a bench in molded concrete forming an amphitheater; in the bedrooms, a desk and low pieces of furniture in laminate and wood. The armchairs are by Pierre Paulin.

Table de salle à manger ovale, 1968

Plateau (8 couverts) en pierre de Saint-Maximin ou pierre de Buxy, piètement à 6 éléments contreventés en fil d'Inox brossé, assemblés par vis BTR fixées par des cales en Inox
L. 160 l. 140 É. 3,5 cm
8 exemplaires et 1 exemplaire en marbre noir avec plateau carré (L. 120 l. 120 É. 3,5 cm)
Distributeurs : L'Échoppe (1968), galerie Alexis Pentcheff, Marseille (2013)

Concevoir une forme stable, indéformable, en fil d'acier Inox, pour supporter un plateau en pierre de Saint-Maximin, voilà un défi intéressant pour un « constructiviste » tel que Marc Held. Il connaît les chaises de Charles et Ray Eames avec leur piètement entrecroisé. Ici, il choisit des chaises de Harry Bertoia et leur offre une table. Il recherche la forme la plus simple et la plus efficace : les faces carrées du « cube » virtuel sont contreventées, ainsi que le socle. Pas de soudures, des assemblages. Régularité, symétrie, finesse de la structure, contraste avec la pierre monobloc, taillée en ovale : le tour est joué, un meuble est intelligent et architecturé.
« Une claire épure mathématique où chaque effort parcourt sa ligne du sol à la voûte » : cette phrase écrite à propos de la cathédrale de Chartres pourrait s'appliquer à la table de ce futur architecte qui « hait le mensonge » (Marc Held, *Lettres à Gerry*).

Designing a stable form that could not be deformed, using stainless steel wire, in order to support a tabletop in Saint-Maximin stone, was an interesting challenge for a "constructivist" like Marc Held. He was familiar with Charles and Ray Eames' chairs with their crossed-leg assembly. Here he took Harry Bertoia's chairs, and let them suggest a table. He sought the simplest and most efficient form: the square sides of the virtual "cube" are braced, as is the base. There are no welds or assemblies. Regularity, symmetry and the structure's delicacy contrast with the single block of stone cut into an oval: the result is an intelligent and structured piece of furniture.
"Pure, clear mathematics in which each stress travels up its line from the floor to the vault": this phrase describing Chartres cathedral could well be applied to this table by the future architect who "hated lies" (Marc Held, Lettres à Gerry*).*

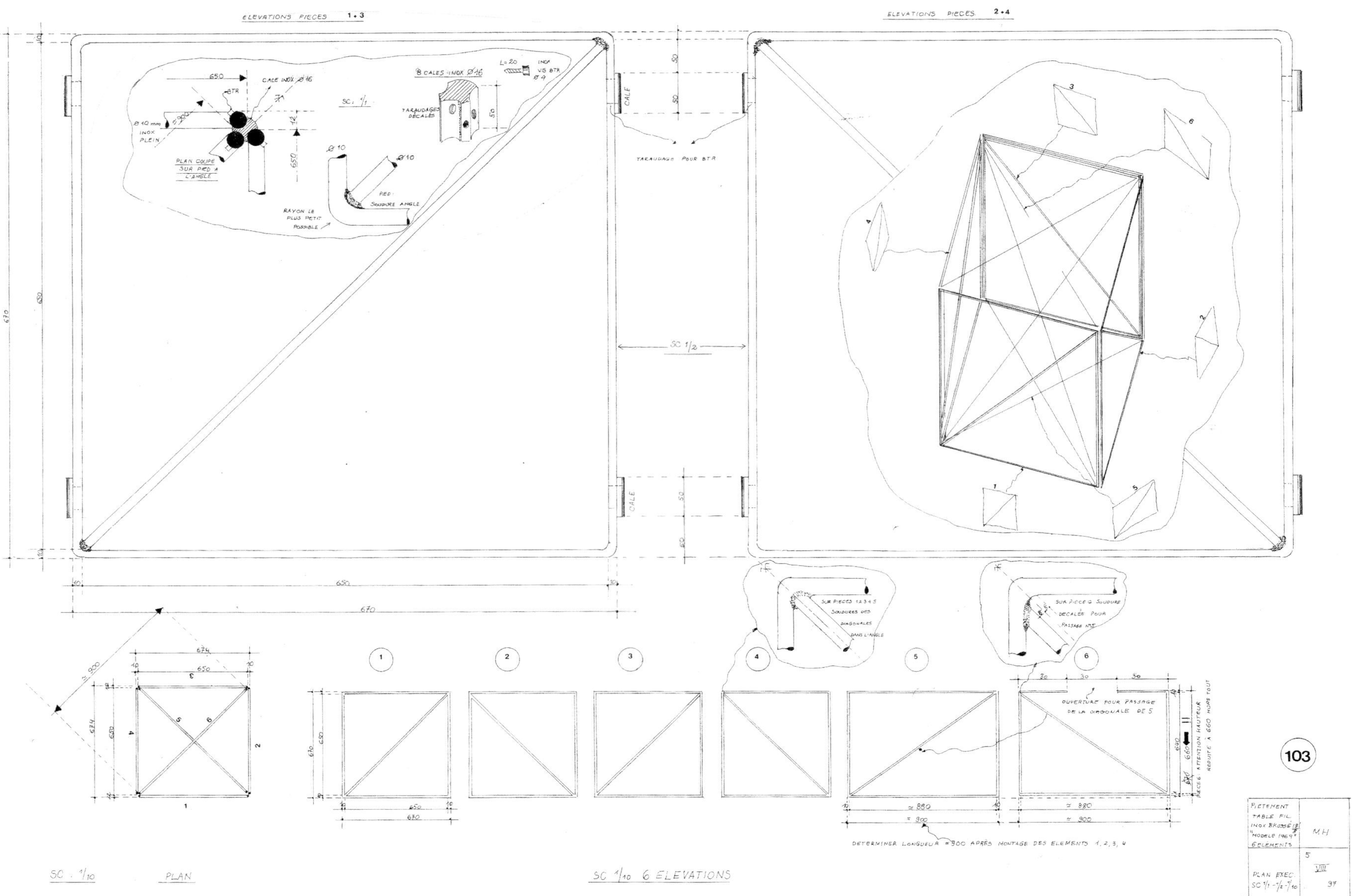
ELEVATIONS PIECES 1 + 3
ELEVATIONS PIECES 2 + 4
8 CALES INOX Ø16
TARAUDAGES DECALES
PLAN COUPE SUR PIED A L'ANGLE
RAYON LE PLUS PETIT POSSIBLE
SOUDURE ANGLE
CALE
TARAUDAGE POUR BTR
SC 1/2
SUR PIECES 1.2.3.4.5 SOUDURES VERS DIAGONALES DANS L'ANGLE
SUR PIECE 6 SOUDURE DECALEE POUR PASSAGE N°5
OUVERTURE POUR PASSAGE DE LA DIAGONALE DE 5
DETERMINER LONGUEUR ≈ 900 APRES MONTAGE DES ELEMENTS 1, 2, 3, 4
SC 1/10 PLAN
SC 1/10 6 ELEVATIONS
PIETEMENT TABLE FIL INOX BROSSE "MODELE 1969" ÉLÉMENTS
MH
PLAN EXEC SC 1/1 - 1/2 - 1/10
97

103

Escalier hélicoïdal modulaire, 1969

Aluminium moulé pour les marches et les cales de réglage, noyau en tube acier, protections par fils métalliques, remplissage des structures par des plateaux en marbre, bois ou pierre, etc.
Prototype
Fabricant : Établissements Pelletier

« L'idée était de réaliser un escalier hélicoïdal modulaire, et donc réglable… qui, hélas !, n'a jamais été produit industriellement. Inspiré par les fauteuils de bureau de Eames, je choisis des profils d'aluminium moulé en T, très minces mais performants, très résistants à toute déformation. Je connaissais l'escalier de Roger Tallon : lui est rondouillard, dodu. Je cherchais, au contraire, à utiliser le moins de matière possible. Dans une feuillure de métal, on peut installer du marbre, du bois ou du plastique pour les marches, qui s'emboîtent sur le noyau central, ce qui permet de régler la hauteur. »

"The idea was to make a modular, helical and therefore adjustable staircase… which, alas! was never mass-produced. Inspired by Eames' desk chairs, I chose very thin but high-performance T-molded aluminum profiles that are very resistant to deformation. I was familiar with Roger Tallon's staircase: it is round and plump; I tried, on the contrary, to use as little material as possible. You can set marble, wood or plastic steps into the metal rebate, and these fit together on the central core, which makes it possible to adjust the height."

Bureau monobloc pour 3 postes de travail, 1969

Créé pour la première agence de publicité de Jacques Séguéla
Fibre de verre et polyester
4 exemplaires
Fabricant : M. Cuicci, modeleur

Où l'on reparle de Jacques Séguéla, le publicitaire inspiré qui savait détecter les jeunes talents... De la maison témoin de Port-Barcarès meublée de lits en plastique moulé aux bureaux de la société à Neuilly-sur-Seine, il y a des points communs : le matériau, d'une part, le jeu modulaire, d'autre part. En installant plusieurs postes de travail à des niveaux différents autour d'une unité centrale où arrive, notamment, l'électricité, Marc Held crée un volume économe, monobloc, et un îlot de travail sur un podium, avec de vraies chaises de dentiste... Finie l'intimité, vive la productivité et le travail d'équipe !

...in which we hear once again of Jacques Séguéla, that inspired publicist who knew so well how to uncover young talent... Between the model house of Port-Barcarès, furnished with molded plastic beds, to the company's offices in Neuilly-sur-Seine, there are several features in common: on the one hand, the material, and on the other, the modular interplay. By installing several workstations at different levels around a central unit where, notably, the plug sockets were located, Marc Held created a single-block economical volume, and a work island on a podium, with real dentist chairs... Good-bye privacy – long live productivity and teamwork!

Jeux pour enfants, *Proposition utopique,* 1969

Étude prospective
Matériaux à inventer

Libérez l'énergie et la créativité des enfants ! Après l'euphorie de Mai 1968 et l'éclosion de nouvelles pédagogies libertaires, un esprit de fantaisie souffle chez les créateurs, en direction de la jeune classe. Modulaire, démontable, transformable, un jeu de construction peut devenir territoire de découverte et d'expression.

Release the energy and creativity of children! After the euphoria of May 1968 and the birth of new libertarian pedagogies, a spirit of fantasy inspired creators, directed at the younger class. Modular, dismountable, transformable, a game of construction can become a territory for discovery and expression.

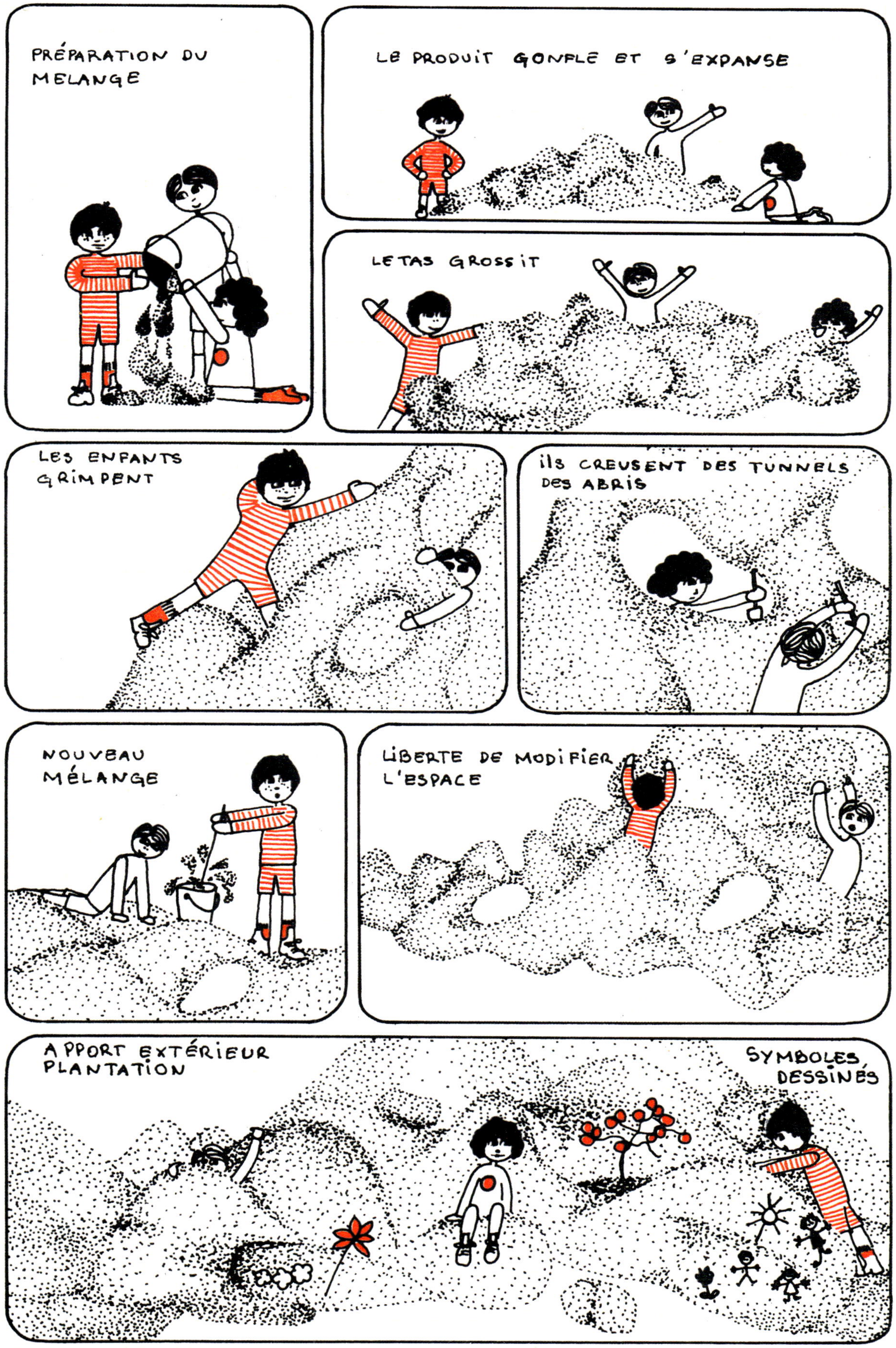
PRÉPARATION DU MELANGE
LE PRODUIT GONFLE ET S'EXPANSE
LE TAS GROSSIT
LES ENFANTS GRIMPENT
ILS CREUSENT DES TUNNELS DES ABRIS
NOUVEAU MÉLANGE
LIBERTE DE MODIFIER L'ESPACE
APPORT EXTÉRIEUR PLANTATION
SYMBOLES, DESSINÉS

Mobilier pour enfants, 1969

Éléments modulaires composés de perches, sphères et autres formes modelées en bois ou en matériau de synthèse
Projet de concours
En collaboration avec Hugues d'Achon

Canapé *Anti-design*, 1970

Créé pour une maison à la campagne sur le principe du *do it yourself*
Armatures en contreplaqué marine, mousse de latex découpée à la demande recouverte de peau de cheval simplement jetée sur la structure
H. 45 L. 180 l. 80 cm
2 exemplaires

Luminaire-tube, 1970

Créé pour une maison à la campagne
Tube en acier (d. 40 mm), douilles en porcelaine suspendues, ampoules à réflecteur argenté
L. 200 cm
1 exemplaire
Fabricant : l'électricien du chantier

Mobilier modulaire pour enfants, 1970

Créé pour une maison à la campagne
Perches en bois de frêne et raccords métalliques ; éléments plats en contreplaqué multipli
L. 5 É. 5 cm, longueurs à la demande
Exemplaires pour deux lits gigognes, deux écritoires et une penderie ouverte
Fabricant : Établissements Joyeux

Bibliothèque modulaire, 1970

Oscar de l'emballage en 1970
Système modulaire pour présentation d'ouvrages en librairies
Polystyrène expansé
H. 25 L. 25 l. 25 cm
3 000 exemplaires
Distributeur : Éditions J'ai Lu
Fabricant : Éditions J'ai Lu

Ranger des livres, transporter des livres... L'Oscar de l'emballage est décerné à un emboîtage ultra-léger, en polystyrène, qui peut s'empiler et devenir une quasi-bibliothèque.

Storing books, transporting books... And the top prize for packing is awarded to an ultra-light polystyrene case that can be stacked and become a quasi-bookcase.

dernière heure - dernière heure - dernière heure

306 h

l'oscar de l'emballage 1970

est décerné aux éditions J'AI LU pour

leur élément de bibliothèque
(créé par Marc Held)

OSCAR DE L'EMBALLAGE IFEC 1970

section promotion vente

Marc Held avec Florence Knoll et Yves Vidal, *showroom* Knoll, 1969, boulevard Saint-Germain

Les sourires de la réussite : après deux ans de travail et de mise au point, le prototype du *Culbuto* était prêt. Yves Vidal, patron de Knoll France (à droite) et Florence Knoll, designer elle-même, qui gardait une autorité morale sur l'entreprise américaine qu'elle avait dirigée et qui avait fait travailler Saarinen, Breuer, Mies van der Rohe, inaugurent, à Paris, le fauteuil de Marc Held. La forme du dossier, depuis les premiers essais de 1965 (page 60), a été assagie, à la demande de Knoll. Mais le dessin de la base arrondie, qui permet au siège de bouger sans basculer, est conforme aux recherches inlassables du designer dans l'atelier du modeleur, M. Cuicci (page 134). Trois modèles furent édités par Knoll.

The smiles of success: after two years of work and development, the prototype for the Culbuto *was ready. Yves Vidal, the head of Knoll France (on the right) and Florence Knoll, a designer herself, who retained moral authority over the American company that she once had run, and who had given work to Saarinen, Breuer and Mies van de Rohe, inaugurated Marc Held's armchair in Paris. Since the first attempts in 1965 (page 60), the shape of the back had been calmed down at Knoll's request. But the design of the rounded base, which enabled the seat to move without rocking, is an example of the designer's tireless research in the workshop of the model-maker, Mr. Cuicci (page 134). Three models were issued by Knoll.*

Siège, le *Petit Culbuto*, 1970

Fibre de verre et polyester, coussin mousse, tapisserie cuir ou textile
H. 73 l. 68 P. 72 cm
Nombre d'exemplaires inconnu
Fabricant : Knoll International

Siège, le *Grand Culbuto*, 1970

Fibre de verre et polyester, coussin mousse, tapisserie cuir ou textile
H. 114 l. 75 P. 64 cm
Nombre d'exemplaires inconnu
Fabricant : Knoll International
Distributeur : Knoll International

Ottoman *Culbuto*, 1970

Fibre de verre et polyester, coussin mousse,
tapisserie cuir ou textile
H. 53 l. 65 P. 54 cm
Nombre d'exemplaires inconnu
Fabricant : Knoll International
Distributeur : Knoll International

Marc Held dans l'atelier de modelage de monsieur Cuicci, à Paris.

Chaise empilable et juxtaposable, 1970

Version n° 1 : tôle d'acier emboutie sur piètement en fil d'acier chromé, pièces d'assemblage en aluminium moulé, broches de fixation latérales en fil d'acier chromé de petit diamètre
H. 71,5 L. 51 l. 53 cm
H. 44,5 L. 39 l. 48 cm (assise)
2 000 exemplaires
Fabricant : Marcel Sternfeld
Distributeur : Marcel Sternfeld
Version n° 2 : fibre de verre et polyester, piètement identique à la version en acier
200 exemplaires
H. 71,5 L. 51 l. 53 cm
H. 44,5 L. 39 l. 48 cm (assise)
Fabricant : Mérat
Distributeurs : Prisunic, Créateurs & Industriels

L'assise moulée, le piètement en fil d'acier : le minimum de matière pour le maximum d'efficacité et, en prime, une élégance de la forme. La chaise empilable et juxtaposable est l'exercice obligé dans ces années où les designers cherchent des solutions parfaitement fonctionnelles à la question des espaces collectifs, salles de réunion et autres.
« C'est la merveille de la presse hydraulique : une tôle emboutie, en une seule action. » Il y aura ensuite une version en fibre de verre et polyester, obtenue avec un moule en résine époxy, de forme identique.

The molded seat, the wire leg assembly: a minimum of material for a maximum of efficiency, and, as a bonus, an elegant shape. Creating a stackable and juxtaposable chair was a mandatory exercise in those years, and the designers looked for totally functional solutions to the question of collective spaces, meeting rooms, etc.
"It's the miracle of the hydraulic press: one pass to stamp sheet metal." There would then be another version in fiberglass and polyester, obtained with an epoxy resin mold, in an identical shape.

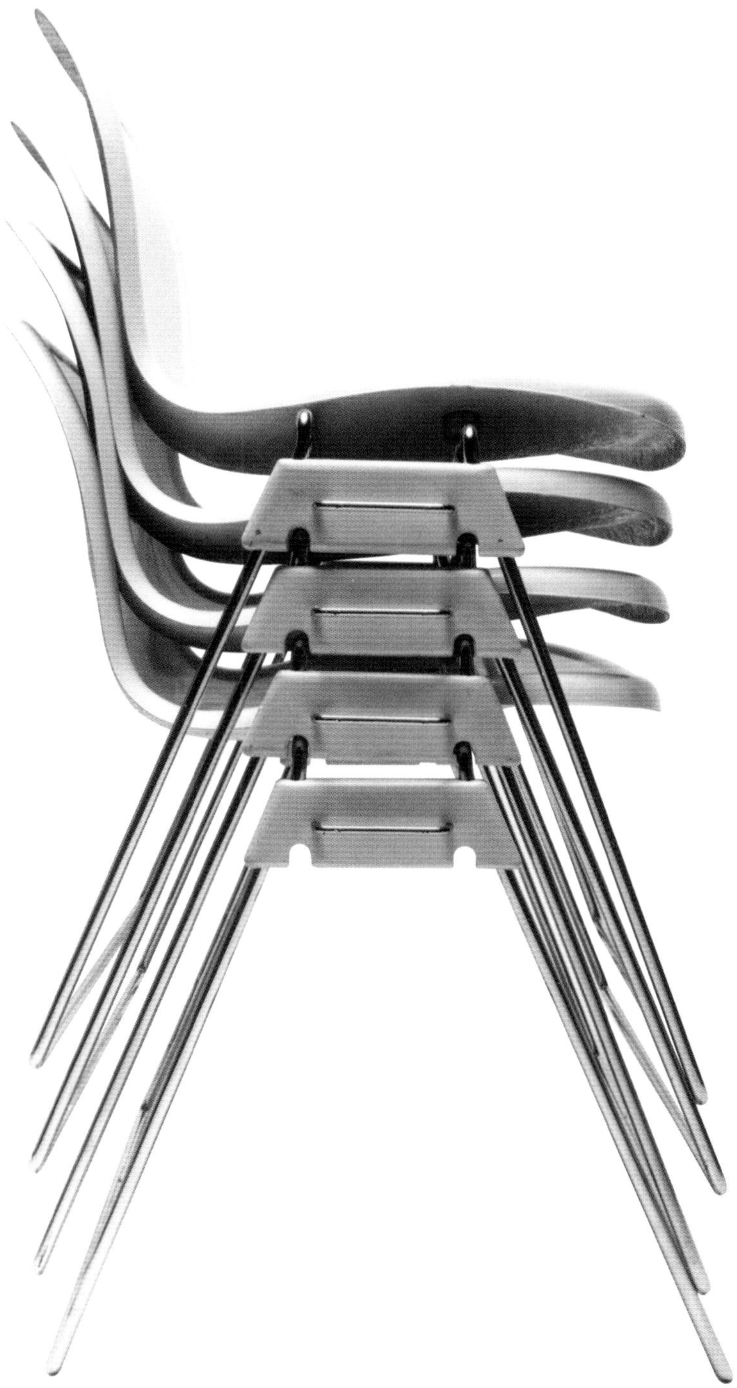

Lustre à spots, 1970

Couronne en plat d'acier Inox brossé soutenant un plateau en tôle perforée d'Inox brossé sur lequel sont posés des transformateurs 220 V/5,5 V ; spots chromés orientables, ampoules 5,5 V à calottes argentées, suspension par câbles Inox
D. 60 cm
Nombre d'exemplaires inconnu
Fabricant : Ingo Maurer
Distributeurs : Créateurs & Industriels, Ingo Maurer

L'arrivée des ampoules à basse tension stimule l'imagination du designer. Il traduit alors dans un langage contemporain l'idée du lustre ou du plafonnier : des spots orientables sont placés en couronne autour d'un plateau circulaire perforé où sont posés les transformateurs, la contrainte imposée par ces nouvelles sources d'énergie. Diffusé dans les années 1970 avec la complicité d'Ingo Maurer, le designer de Munich qui sera l'inventeur et le poète des nouvelles lumières, lucioles et autres créations oniriques, le lustre de Marc Held sera aussi installé dans le salon de l'Élysée en 1983.

The arrival of low-voltage light bulbs sparked the designer's imagination. He thus translated the idea of a chandelier or ceiling fixture into contemporary language: adjustable spotlights were arranged in a ring around a perforated circular tray, in which he placed the transformers – the constraint imposed by these new light sources. Distributed in the 1970s with the help of Ingo Maurer, the Munich designer who would become the inventor and poet of new lights, fireflies and other dreamlike creations, Marc Held's chandelier was also installed in the large salon of the Élysée Palace in 1983.

Mobilier modulaire pour l'hôtellerie, 1971

Étude
Matériau de synthèse injecté

HISTORIQUE DE L'ÉTUDE

étude volume

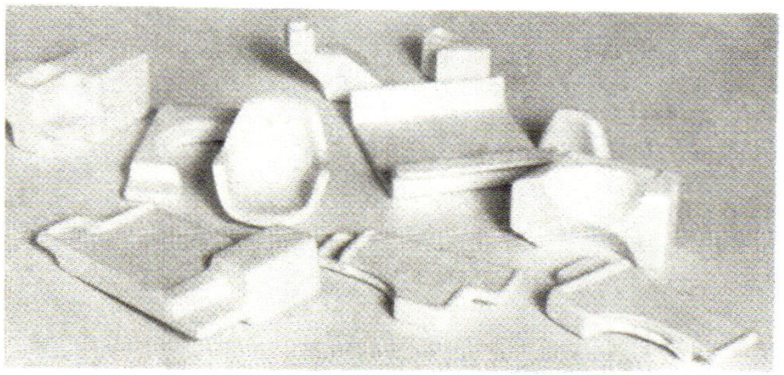

esquisses

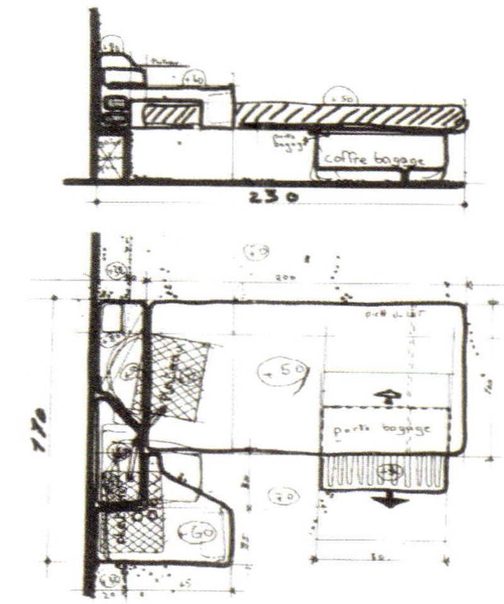

cas de figures d'implantation

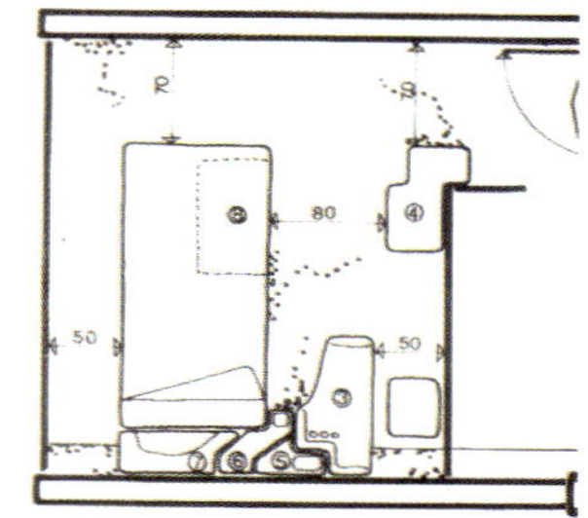

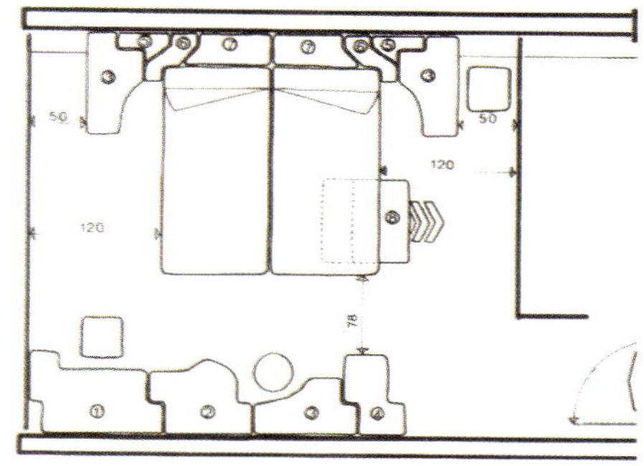

avant-projet coté

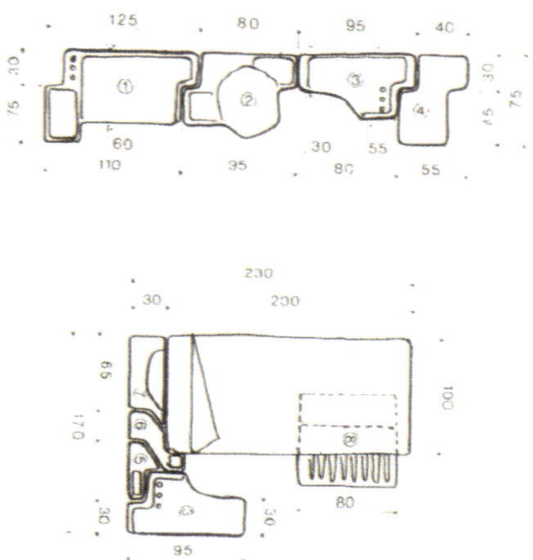

élaboration des moules

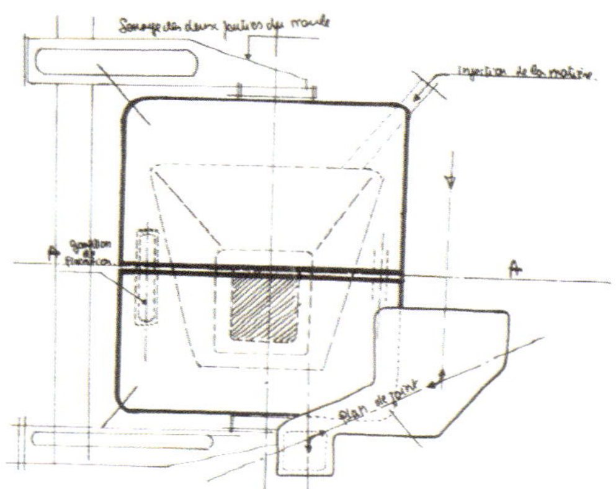

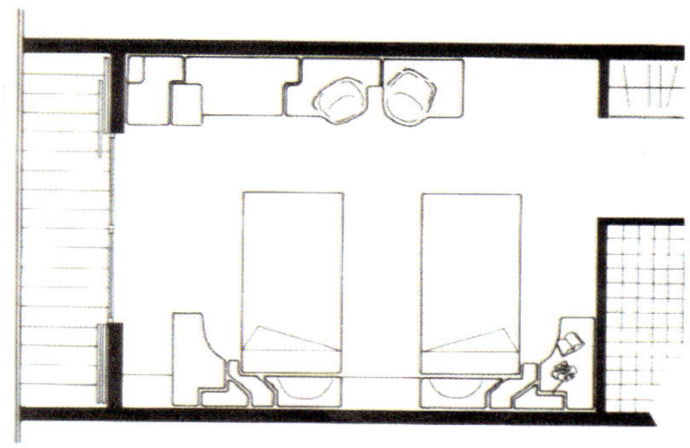

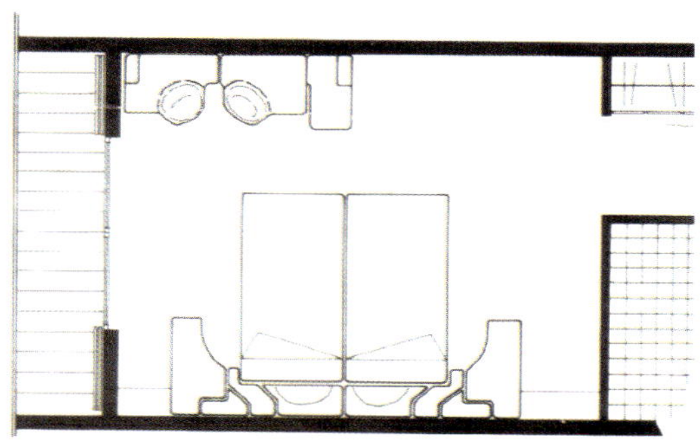

maquette échelle 1

étape non réalisée : plan d'outillage

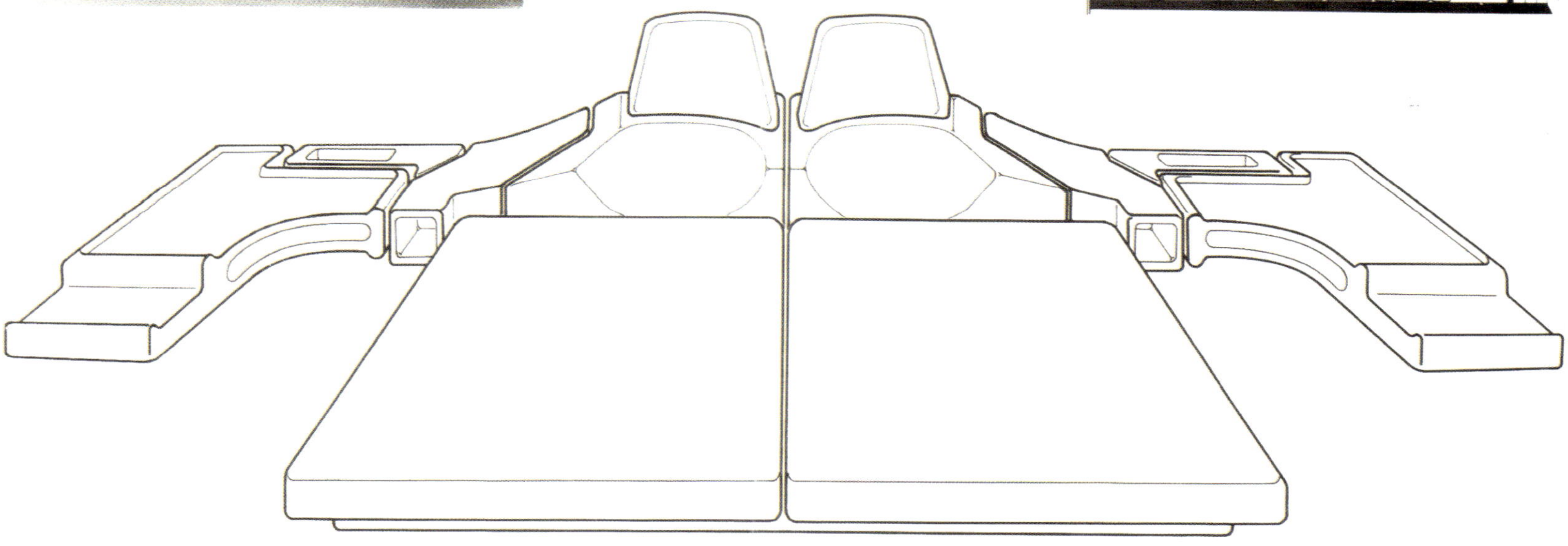

Bagage, 1971

Étude
Toile synthétique à chevrons (identique aux sangles de sécurité automobile), pièces de renfort d'angles et autres parties en caoutchouc moulé

« Je voulais un bagage simple et résistant, increvable… J'ai choisi une toile synthétique à chevrons, du type de celles que l'on utilise pour les ceintures de sécurité. On ne pouvait pas faire plus résistant. Les coins du bagage sont en caoutchouc moulé, un peu comme les Pataugas… Mais cette étude n'a jamais trouvé son fabricant. »

"I wanted simple, resistant and tear-proof luggage... I picked a synthetic herringbone canvas, like the kind used for seatbelts. You couldn't find anything more resistant. The corners of the bags are in molded rubber, a little like Pataugas... But I never found a manufacturer for them."

Cafetière, 1971

Prototype

La rigueur moderne peut se marier au lyrisme poétique : évoquer le frémissement d'une aile pour donner à cette cafetière stricte une allure sculpturale n'est pas contraire aux recherches de formes nouvelles, qui trouveront leur aboutissement dans les années suivantes et la collaboration avec l'entreprise Coquet, à Limoges.

Modern rigor can be combined with poetic lyricism: evoking the quiver of a wing to give this sober coffeepot a sculptural look doesn't prevent research on new forms, which would culminate in the years that followed through the collaboration with the Coquet company in Limoges.

Porcelaine de table Coquet, 1973

Service complet (table, thé, café)
Tasse déjeuner H. 7,9 D. 10 cm ;
soucoupe déjeuner H. 3 D. 19 cm ;
tasse à café H. 6 D. 7 cm ;
soucoupe tasse à café H. 2,5 D. 14 cm ;
cafetière H. 16,4 D. 11-12 cm ;
tasse à thé H. 6,7 D. 9 cm ;
soucoupe tasse à thé H. 2,8 D. 16 cm ;
théière H. 14 D. 15 cm ; sucrier H. 9 D. 10 cm ;
assiette creuse H. 4,8 D. 17 cm ;
assiettes plates H. 1,8-2 D. 18-25 cm ;
ravier H. 3 D. 15-22 cm ;
plat ovale H. 5,3 D. 25-38 cm ;
plat plat H. 3,8 D. 29 cm ;
plat creux H. 6,2 D. 27 cm ;
saladier H. 13 D. 24 cm ;
crémier H. 9,8 D. 7-7,5 cm ;
saucière H. 6,7 D. 10-15 cm ;
soupière H. 15,8 D. 18 cm
Nombre d'exemplaires inconnu
Fabricant : Coquet
Distributeur : Coquet
Réédition du service à thé en 2013
par J. L. Coquet avec un décor inspiré de
l'esprit de la culture sérère au Sénégal

Une belle histoire, qui commence, un peu par hasard, par un long coup de fil où les deux protagonistes tombent d'accord : le designer parisien et le porcelainier de Limoges, prêt à se libérer des lourdeurs de la tradition. Une collaboration heureuse, dont Marc Held se souvient avec plaisir. « C'était un patron à l'ancienne. Jean-Louis Coquet, le fils, participait à tout : la création de modèles, les prototypes, le développement, la commercialisation. Pas une seule fois, le père, Pierre Coquet, pas plus que le fils ne me dirent "non", sous quelque mauvais prétexte. » La collection, présentée avec succès au Salon des arts du feu, suscite l'enthousiasme des acheteurs internationaux. « Le génie des Coquet et leur confiance dans la vision d'un créateur les avaient conduits à me confier l'ensemble des tâches. Je pus ainsi choisir parmi mes amis les plus talentueux, le photographe Pierre Berdoy, la graphiste Annegret Beier, pour réaliser le catalogue. » Il y avait une cohérence entre la conception de cette ligne moderne et sa mise en évidence pour le public, qui l'a aimée durablement. « Avec Coquet, j'étais devenu l'homme de la porcelaine. »

A wonderful story, that began, somewhat by chance, with a long phone call during which an agreement was struck between the two protagonists: the Parisian designer and the Limoges porcelain-maker, who was ready to rid himself of the product's traditional heaviness. An excellent collaboration that Marc Held recalls with pleasure. "He was an old-school boss. Jean-Louis Coquet, his son, took part in everything: the creation of the models, the prototypes, development, marketing. Not once did the father, Pierre Coquet, or the son say 'no' to me on some poor pretext." The collection, successfully presented at the Salon des Arts du Feu, aroused enthusiasm among international buyers. "The Coquets' genius and their trust in a creator's vision resulted in them giving me all the tasks. So I could choose from among my most talented friends, the photographer Pierre Berdoy, the graphic designer Annegret Beier, for the catalogue." There was a coherence between the conception of this modern line and how it was shown to the public, and it would long be admired. "With Coquet, I had become the porcelain man."

MARC
HELD
POUR
Coquet
PORCELAINIER A
LIMOGES FRANCE

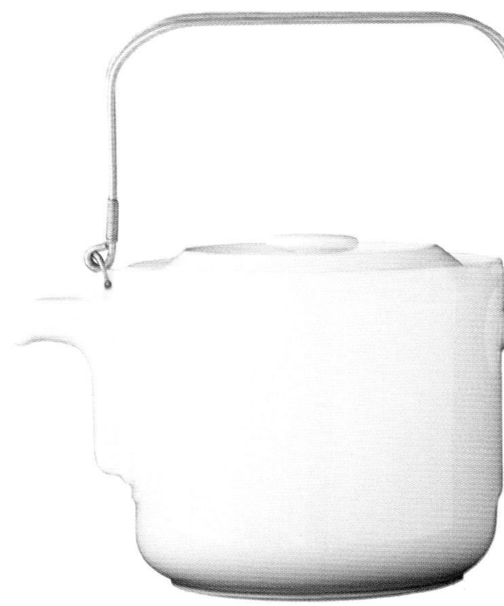

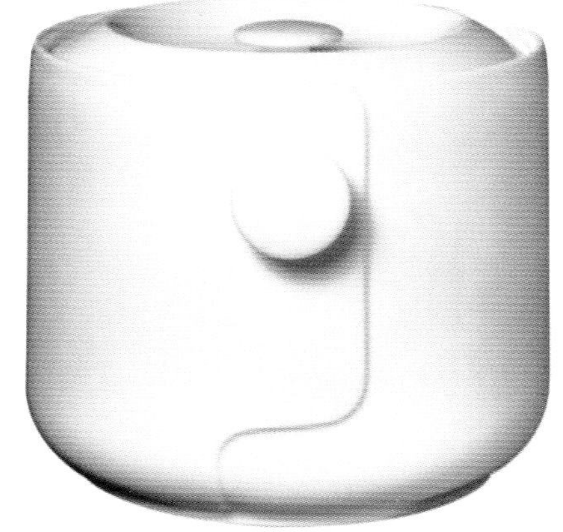

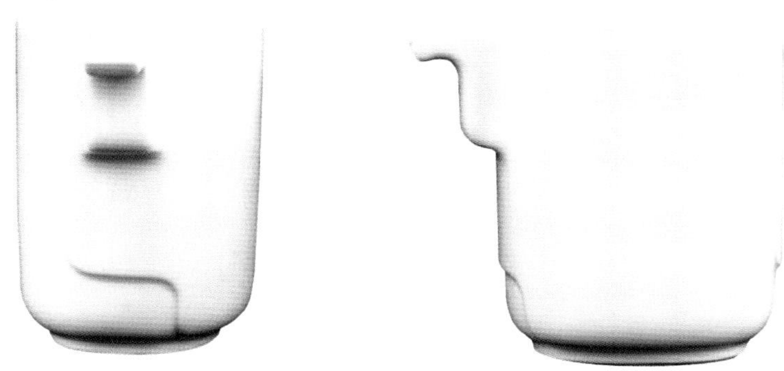

Couverts de table, 1973

Acier Inox 18/8 brossé mat
Nombre d'exemplaires inconnu
Fabricant : Chabanne-Brugère
Distributeur : Chabanne-Brugère

Après le succès de Coquet, les commandes affluent. Mais Marc Held préfère se concentrer sur un seul projet à la fois : ce sera une étude de couverts. Après le couvert *Mono* et les créations de Carl Auböck, il pense « ne pas pouvoir aller plus loin dans le dépouillement ». Et se tourne vers une autre option : le couvert-outil. Exploitant les qualités de l'acier Inox forgé, il se dirige vers une redécouverte de formes anciennes, accordées à la main. Rustiques et généreux comme pour une table de campagne, ces couverts sont peut-être le souvenir inconscient des années passées en Corrèze avec sa mère, durant l'Occupation. Une série originale, mais qui ne trouva pas son public.

After the success with Coquet, the commissions flowed in. But Marc Held preferred to concentrate on one project at a time: this time, a study of flatware. After Mono *flatware and Carl Auböck's creations, he thought he "couldn't go any further in simplification." And he turned toward another option: the tool-flatware. Using the qualities of forged stainless steel, he delved into old forms, hand-finished. Rustic and generous for a country table, this flatware perhaps reveals the subconscious memory of the years spent in Corrèze with his mother during the Occupation. An original series, but one that did not catch on.*

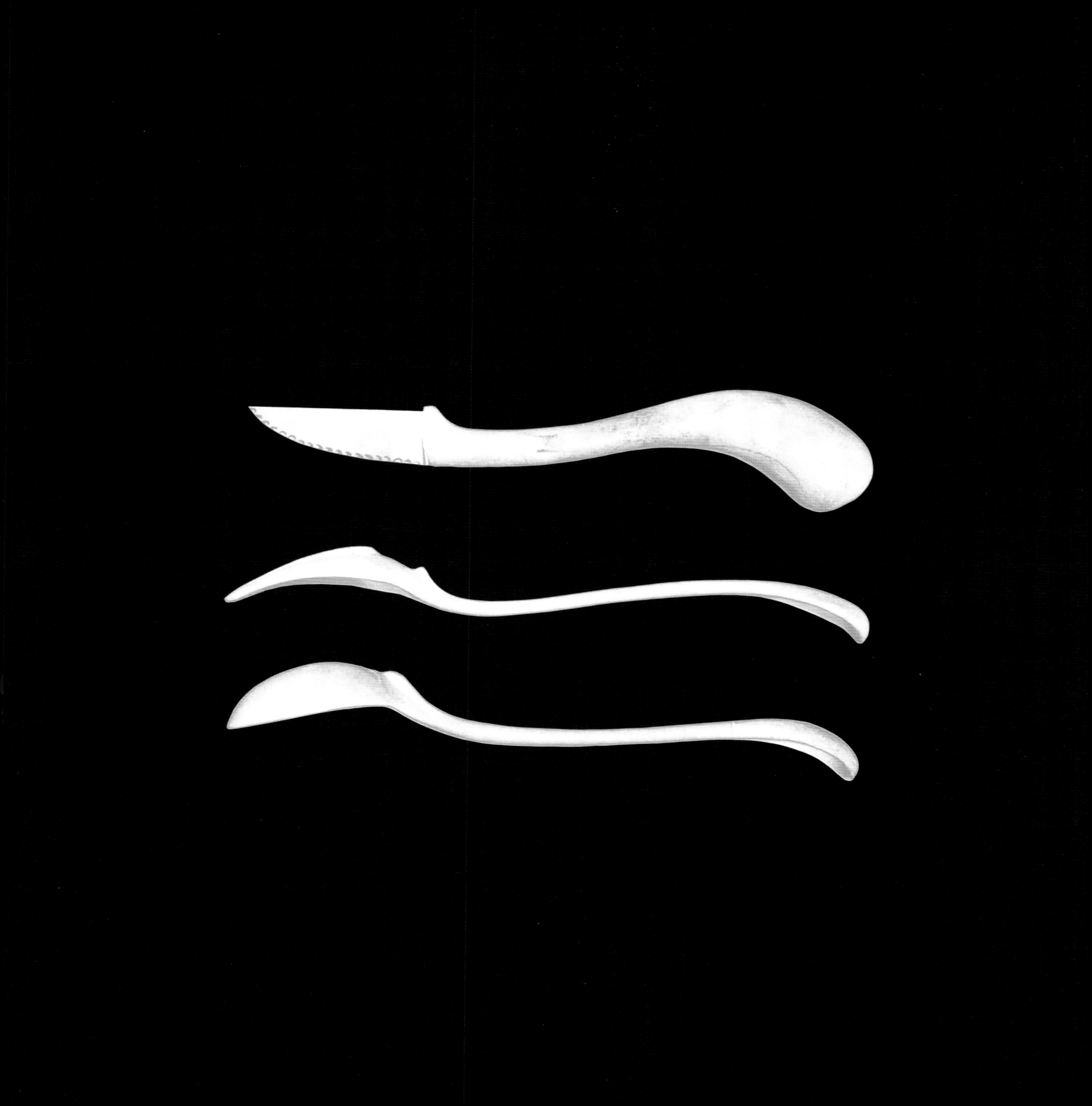

Montre Lip grise, 1973

Version n° 1 : mécanisme traditionnel, boîtier en acier chromé mat, bracelet en métal tissé satiné, cadran gris chromé mat, vis chromées
Version n° 2 : même modèle avec boîtier et pièces de fixation du bracelet en acier chromé satiné, cadran blanc, bracelet en métal ou cuir noir mat
D. 38 É. 4 L. (bracelet) 2 cm
Nombre d'exemplaires inconnu
Fabricant : coopérative Lip
Distributeur : coopérative Lip
Réédition limitée du modèle en 1987 par Vuillemin Regnier avec un mécanisme à quartz

La faillite de Lip, à Besançon, en 1973, et l'expérience d'autogestion lancée par les ouvriers, soutenus par des personnalités parisiennes, reste l'un des moments marquants de l'après-68. Plutôt que de baisser les bras après le dépôt de bilan, les employés choisissent de faire tourner l'usine. Claude Neuschwander, publicitaire de gauche venu de Paris aider l'entreprise en autogestion, invite cinq designers à concevoir de nouveaux modèles. La Lip de Marc Held est à la fois une montre militante et un florilège de qualités formelles.
« Après les échecs terribles du marxisme appliqué dans les pays de l'Est, l'autogestion nous laissait entrevoir une alternative au capitalisme triomphant. Les employés de Lip étaient les symboles de la dignité ouvrière retrouvée. » Démonter, remonter, affiner, simplifier : le cadran sans chiffres, le bracelet en métal tissé et les minuscules vis apparentes magnifient l'objet utile, compteur du temps et signe des temps.

Lip's bankruptcy, in Besançon, 1973, and the experiment in self-management undertaken by the workers, supported by Parisian personalities, remains one of the post-1968 highlights. Rather than giving up after the company filed for bankruptcy, the employees decided to run the factory themselves. Claude Neuschwander, a left-wing publicist who had come from Paris to help the company in self-management, asked five designers to imagine new models. Marc Held's Lip was both an activist watch and an anthology of formal qualities. "After the terrible failures of Marxism as applied in the countries of Eastern Europe, self-management let us glimpse an alternative to triumphant capitalism. The Lip employees were the symbols of workers' dignity restored." Dismounting, remounting, refining, simplifying: the dial without numbers, the watchband in woven metal and the tiny visible screws magnified the utilitarian object, both a counter of time and a sign of the times.

Montre Lip pour dames, 1973

Mécanisme traditionnel, boîtier en acier chromé satiné, pièces de fixation du bracelet en laiton (avec une version de cette pièce en acier chromé satiné), vis de fixation chromées, cadran blanc avec chiffres en lettres (graphiste Annegret Beier), bracelet en cuir
L. 3 l. 2,5 É. 0,9 L. (bracelet) 1,8 cm
Nombre d'exemplaires inconnu
Fabricant : coopérative Lip
Distributeur : coopérative Lip

Montre Lip noire, 1987

Mécanisme traditionnel, boîtier en acier noir mat, cadran blanc ou noir, vis noir mat, bracelet en cuir noir mat
D. 35 É. 2,5 L. (bracelet) 1,8 cm
Nombre d'exemplaires inconnu
Fabricant : coopérative Lip
Distributeur : coopérative Lip
Réédition limitée du modèle en 1987 par Vuillemin Regnier avec mécanisme à quartz

onze
douze
dix
neuf
huit
une
deux
trois
quatre
cinq

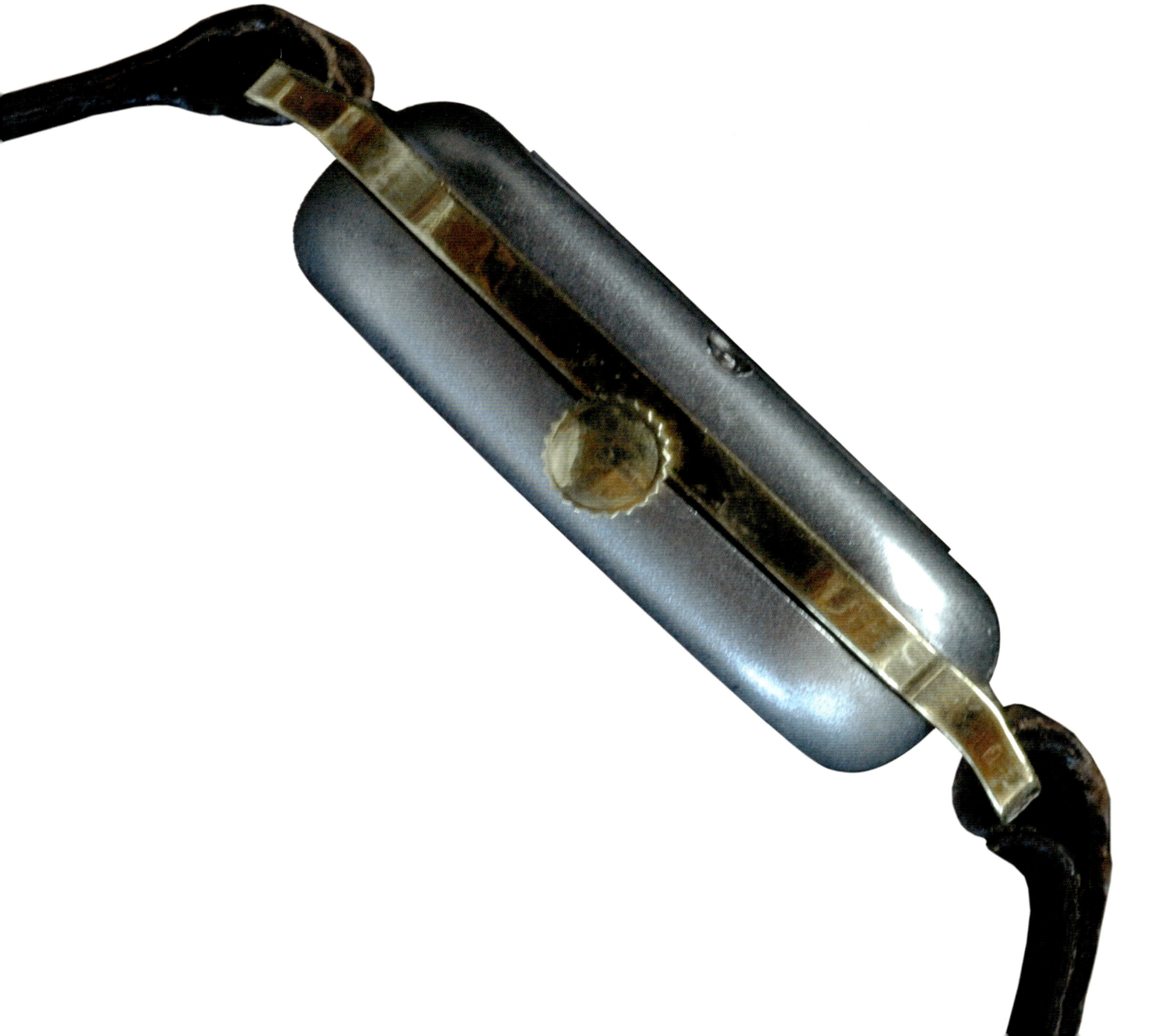

MARC HELD

Montures de lunettes, 1974

Études pour American Optical de lunettes repliables et rétractables

Repliables, rétractables, des montures de lunettes étudiées pour un fabricant américain, où l'on voit apparaître une petite rotule de métal qui va inspirer d'autres travaux et montre son obsession pour les articulations.

Foldable, retractable eyeglass frames as designed for an American manufacturer, in which a small metal ball-and-socket joint appears that would inspire other work, as well as displaying his obsession with articulations.

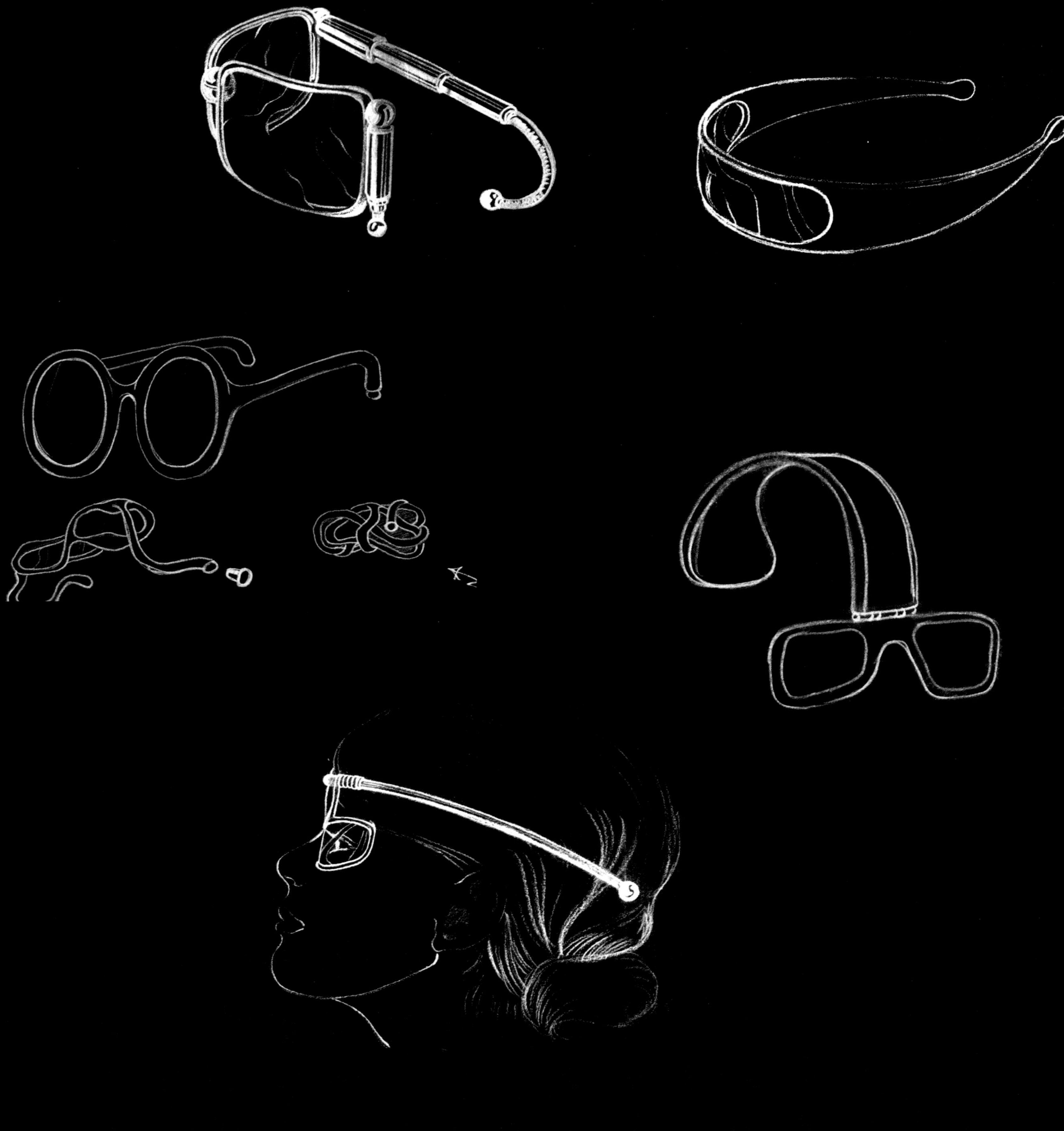

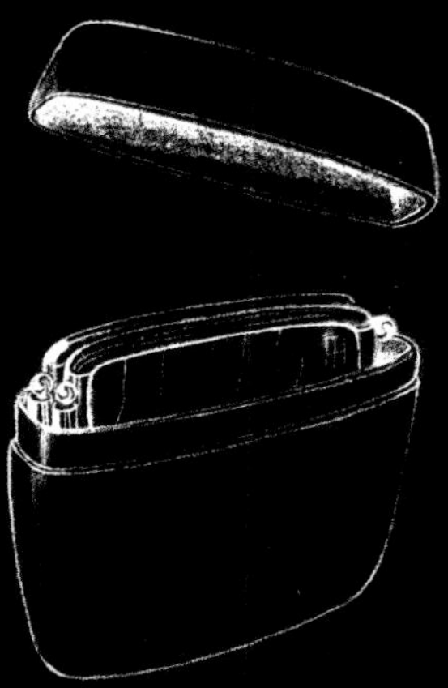
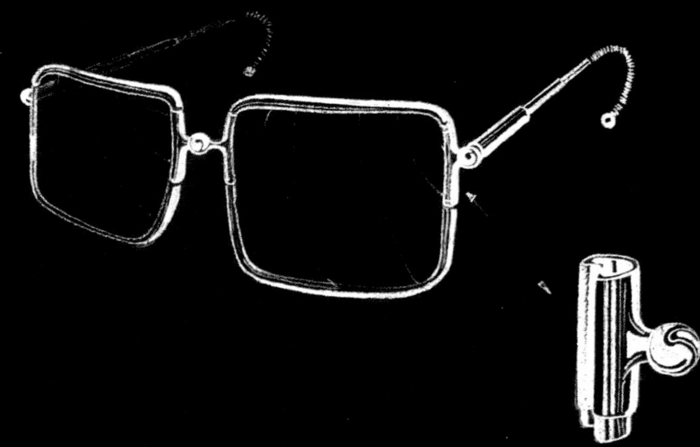
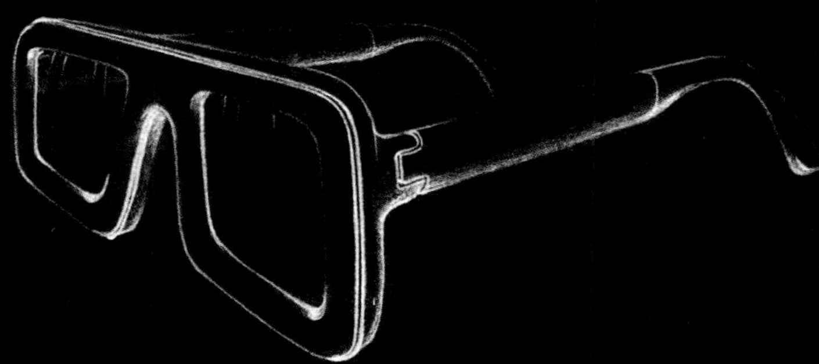
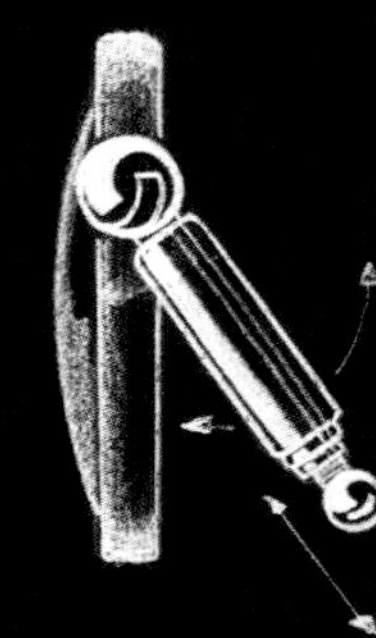
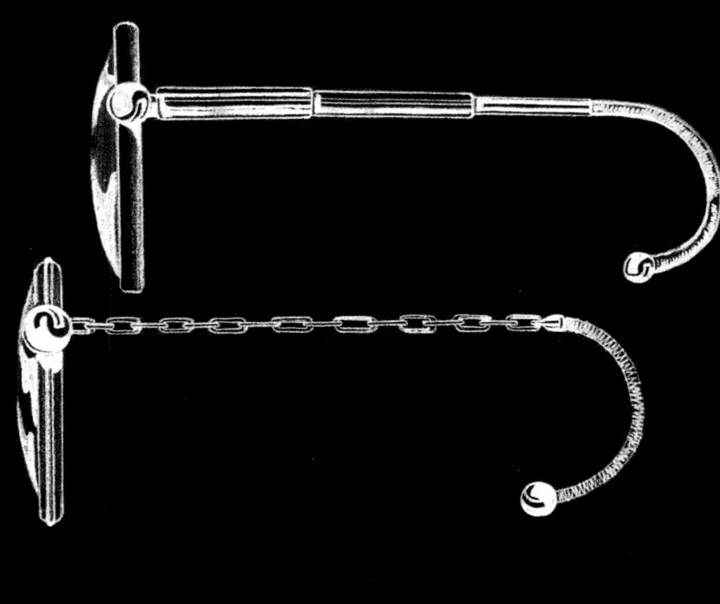

Vêtements de ski pour dame, 1974

Mélange coton et polyester
Nombre d'exemplaires inconnu
Fabricant : Hauser Sport
Distributeur : Hauser Sport

Analyser les fonctions d'un vêtement pour le ski, souligner les différentes textures et dessiner sur le corps les renforcements tout en assurant la souplesse : l'exercice intéresse le designer. Mais quand une autre marque vient lui proposer de créer des vêtements de chasse, il refuse tout net.

Asked to analyze the functions of a garment for skiing, to accentuate the different textures and design reinforcements for the body while retaining suppleness – the exercise interested the designer. But when another brand proposed that he create hunting clothes, he flatly refused.

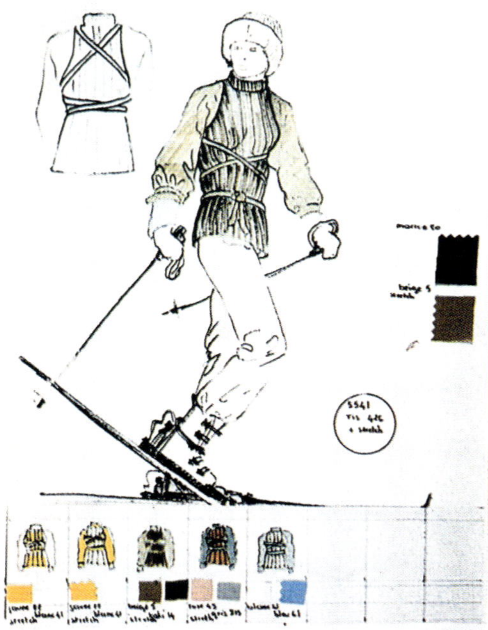

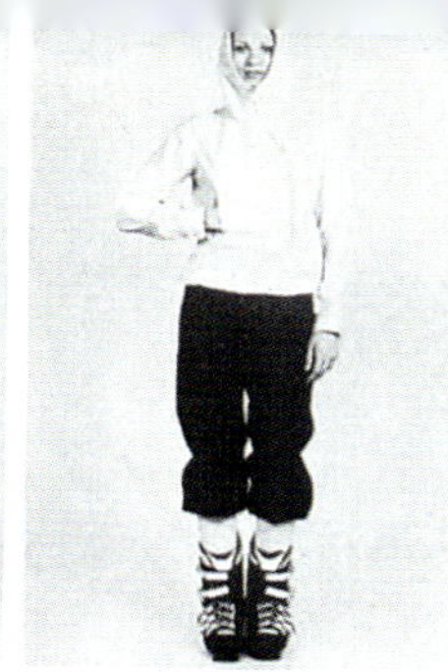

5538
Tis 426
jaune 22
blanc 41

noir 80
kaki 14
blanc 2
sable 3.
5537 A
Tis 404
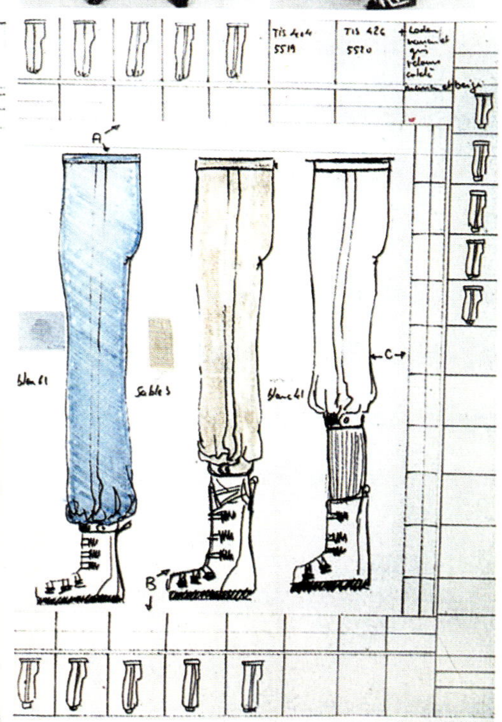
Tis 404
5519
Tis 426
5520
A
blanc 41
Sable 3
blanc 41
C
B

Tapis, 1967

Laine tissée selon la technique des Gobelins, 7 couleurs
Exemplaire unique (hôtel Frantel de Reims)
Fabricant : Coopérative Hongroise

Peu de couleurs dans l'univers de Marc Held, ou alors, exceptionnellement, cet arc-en-ciel de pastels dégradés et concentriques pour la salle à manger de l'hôtel Frantel à Reims, où l'on retrouve les chaises d'Harry Bertoia et la table en pierre sur son socle de fils d'acier assemblés et croisés.

There are few colors in Marc Held's world; and yet, as an exception, this rainbow of graduated and concentric pastels for the dining room of the Frantel hotel in Reims, where one also finds Harry Bertoia's chairs and the stone table on its assembled and crossed wire base.

Paravent repliable, 1974

Créé pour l'hôtel Frantel de Reims
Perches de bois de hêtre assemblées par un câble en Inox et des billes d'acier chromé ou du bois de buis pour les intervalles
10 exemplaires
Fabricant : Établissements Lipschitz
Distributeur : L'Échoppe

Quasiment artisanal et proche du bricolage fait main, le paravent conçu pour le Frantel est fait de perches de hêtre, souplement reliées par un câble avec des petites billes d'acier pour ménager des intervalles et le rendre maniable.

Practically hand-crafted, the screen designed for Frantel is made of beech poles, supplely connected by a cable with small steel balls to determine the intervals and make it easy to handle.

Bloc polyvalent, 1974-1975

Créé pour une chambre de l'hôtel particulier du 41 de la rue de Varenne
Béton armé et carrelage en grès cérame
Exemplaire unique

Une fois n'est pas coutume, il y avait quelque chose à masquer dans l'aménagement de cet appartement, rue de Varenne : par jeu, le designer transforme la contrainte en occasion et dessine une petite écritoire avec son banc.

Just this once, there was something to conceal in the layout of this rue de Varenne apartment: for fun, the designer transformed the constraint into an opportunity and designed a small writing desk with a bench.

Escalier droit, 1974-1975

Créé pour une chambre de l'hôtel particulier du 41 de la rue de Varenne
Limon central en tube d'acier Inox, support des marches en acier Inox brossé, rampe en acier Inox, marches en bois d'acajou
L. 70 H. 220 cm ; 13 marches
Exemplaire unique
Fabricant : inconnu

Transformer l'étage noble d'un bel immeuble, rue de Varenne, pour des amis, c'est un exercice qui enchante l'amoureux du XVIIIe siècle autant que l'artisan d'une modernité tempérée.
« Démontrer que le béton brut de décoffrage, les parquets Versailles et les menuiseries anciennes ne sont pas incompatibles à condition de respecter le caractère de chacun d'eux » était un défi à la portée de Marc Held. De la franchise, pas de compromis, une qualité technique à la hauteur du lieu : l'escalier droit, où les marches de bois se posent délicatement sur une armature d'acier Inox brossé, résume les ambitions de ce beau mariage.

Transforming the elegant parlor floor of a beautiful building on the rue de Varenne, for his friends, was an exercise that enchanted the lover of the 18th century as much as the craftsman of tempered modernity. "Demonstrating that raw concrete, Versailles parquets and old woodwork are not incompatible, provided that you respect each component's character" was a challenge that Marc Held met – with frankness, without compromise and with a technical quality worthy of the place. The straight staircase, on which the wood steps are delicately set on a brushed stainless steel frame, sums up the ambitions of this beautiful combination of elements.

Lits à 1 ou 2 places, 1974

Créés pour l'hôtel Frantel, Reims
Cadre en bois de frêne, assemblages par clés et tourillons en wengé, piètement tubulaire chromé
L. 200 l. 140 H. 40 cm (lit)
L. 250 l. 200 cm (couvre-lit)
200 exemplaires
Fabricant : Coopérative Hongroise

Couvre-lits, 1974

Créés pour l'hôtel Frantel, Reims, en collaboration avec Élisabeth Wieland-Thomann
Laine mohair tissée sur métier à la main ; coloris rose ou bleu
200 exemplaires
Fabricant : Van Melle

Si le luxe est un sens du confort allié à la qualité des espaces et des matières, on peut dire que l'hôtel Frantel de Reims, carrefour d'excellence entre un architecte grand prix de Rome, Jean-Loup Roubert, et un « marginal » tel que se décrit Marc Held, offrit, en son temps, une belle expression de raffinement moderne. Associés dans cette aventure par Annik Duvillaret, du studio d'art graphique formé par Herb Lubalin et Robert Delpire, l'architecte rémois et le designer parisien firent équipe au point de rester amis... quarante ans plus tard. Que tous les aménagements et les meubles aient disparu depuis n'en donne que plus de valeur aux témoignages photographiques !
Meubles et accessoires furent en grande partie fabriqués en Hongrie : Marc Held se souvient que « les artisans qui fabriquaient sur nos dessins alliaient la fantaisie d'un peuple encore proche de ses racines paysannes à la rigueur infaillible propre à leur longue histoire commune avec l'Autriche ». Et il ajoute : « Reçus comme des rois dans l'effervescence de la fin de l'empire communiste, les artistes que nous étions étaient bien traités : on y buvait sec et on ne se privait pas de brocarder le régime. » Travail impeccable pour ce lit en bois réalisé en Hongrie. La couverture en mohair est tissée par Van Melle.

If luxury is a sense of comfort combined with the quality of the spaces and materials, you could say that the Frantel hotel in Reims – a crossroads of excellence between an architect who won the Grand Prix de Rome, Jean-Loup Roubert and a "marginal," as Marc Held describes himself – offered, in its time, a wonderful expression of modern refinement. Brought together in this adventure by Annik Duvillaret, from the graphic arts studio founded by Herb Lubalin and Robert Delpire, the Reims architect and the Parisian designer worked together so closely that they are still friends forty years later. The photos that remain are all the more valuable given that all the layouts and furniture have since disappeared!
The furniture and accessories were mostly made in Hungary: Marc Held remembers that "the craftsmen who fabricated them based on our drawings combined the fantasy of a people still close to its peasant roots and the infallible rigor characteristic of their long shared history with Austria." And he adds: "Received like kings in the effervescence of the end of the communist empire, as artists we were well treated: you drank like a fish there, and didn't hold back on taunting the regime." This wood bed made in Hungary is impeccable work. The mohair cover was woven by Van Melle.

Siège octogonal modulaire, 1974

Créé pour l'hôtel Frantel, Reims
Structure en métal avec mousse, tapisserie de cuir de chèvre ou de textile
H. (assise) 38 H. (totale) 65 L. 55 l. 55 cm
400 exemplaires
Fabricants : Coopérative Hongroise puis société ARFA
Distributeur : société ARFA

Comme l'architecture modulaire de l'hôtel dessiné par Jean-Loup Roubert, les poufs en cuir du bar prennent une forme octogonale. Souvent attiré par l'idée d'un art total, de la petite cuillère à l'édifice, Marc Held saisit l'occasion qui se présente à lui avec ce projet.

Like the modular architecture of the hotel designed by Jean-Loup Roubert, the bar's leather ottomans have an octagonal shape. Often attracted by the idea of total art, from the small spoon to the building, Marc Held seized the occasion that this project presented.

Tabouret de bar pivotant, 1974

Créé pour l'hôtel Frantel, Reims
Aluminium moulé, coussin en cuir, assises montées sur roulement à billes
H. 100 D. 36 cm
10 exemplaires
Fabricant : Coopérative Hongroise

Métal et cuir, affirmation virile d'un objet-machine qui répond à la question : comment bien se tenir au bar, aussi longtemps qu'on y séjourne… ? Le confort de l'assise, la marche circulaire que le pied défaillant trouvera quoi qu'il arrive et le fût pivotant qui doit permettre de s'asseoir gracieusement, tous ces éléments fonctionnels sont exprimés d'un trait ferme et généreux.

Metal and leather, a virile assertion of a machine-object that answers the question: how do you sit properly at a bar, for as long as you want to remain there…? The comfort of the seat, the circular step that the faltering foot will find no matter what happens and the pivoting shaft that must allow you to sit gracefully, all these functional elements are expressed by a firm and generous line.

Rideau pour vestiaire, 1974

Créé pour le *showroom* IBM de la tour Montparnasse
Cuir doublé de couverture de l'armée française
Un exemplaire a également été réalisé pour la galerie Erval, rue des Beaux-Arts, Paris
Fabricant : Touroule Chevalerie

Le rideau de cuir avec œillets, petites sangles et coutures apparentes imaginé pour le Frantel reviendra deux autres fois dans le travail de Marc Held. Il n'y a pas que l'œil qui doit « caresser l'objet ». La sensualité, le toucher sont des éléments essentiels du design, qu'il s'agisse de cuir, de métal ou de bois.
« Je conçois mes objets comme des objets de plaisir, je ne recherche jamais un effet de provocation. »

The leather curtain with eyelets, small straps and visible seams, imagined for the Frantel, would return twice more in Marc Held's work. It isn't just the eye that should "caress the object." Sensuality, touch are essential design elements, whether it concerns leather, metal or wood. "I design my objects as objects of pleasure, I never seek a provocative effect."

Sièges, 1974

Créés pour le restaurant Les Ombrages, hôtel Frantel, Reims
Perches en bois de hêtre, pièces d'assemblage tubulaires chromées, assises en croupon renforcé par une toile bise à chevrons, sangles cuir de mise sous tension
Ensemble en forme de banquette pour 8 estrades
Fabricant : Coopérative Hongroise

L'esprit bateau règne dans ce restaurant d'hôtel, en même temps qu'une composition quasi japonaise : belle association. Les banquettes sont en cuir tendu à l'aide de perches de hêtre. L'unité de tons entre le bois et le cuir allège le dispositif.

The spirit of boats prevails in this hotel restaurant, along with a composition that is almost Japanese: a wonderful combination. The benches are in leather, stretched using beech poles. The unity of tone between the wood and the leather lightens the whole.

Estrades équipées de sièges, 1974

Créées pour le restaurant Les Ombrages, hôtel Frantel, Reims
Perches en bois de hêtre, pièces d'assemblage tubulaires en chrome
8 exemplaires
Fabricant : Coopérative Hongroise

La structure avec assemblage bois-métal apparent et les coussins ajoutés, tout concourt à souligner la géométrie constructive de l'ensemble, jusqu'au plafond qui reprend un dessin orthogonal. Intime et chaleureux, un lieu accueillant.

The structure with its wood-metal assembly and the added cushions converge to accentuate the constructive geometry of the whole, even as far as the ceiling that features an orthogonal design. Intimate and warm, a welcoming spot.

Canapé IBM 2 et 3 places (droit ou en L avec un élément d'angle en pan coupé), 1974

Utilisé entre autres dans le *showroom* IBM, dans la tour Montparnasse en 1977, et dans le grand salon de l'appartement présidentiel du palais de l'Élysée en 1983
Structure en contreplaqué marine de 20 mm d'épaisseur gainé de cuir assemblée par des broches en fil d'Inox enfilées dans des sangles en croupon (garnitures en plume et duvet)
H. 74 L. 168 l. 83 cm
assise H. 36 L. 160 l. 57 cm (canapé 2 places) ;
H. 74 L. 214 l. 83 cm
assise H. 48 L. 207 l. 55 cm (canapé 3 places)
7 canapés ont été fabriqués artisanalement en 2013
Fabricants : Touroule Chevalerie (1974), Philippe Coulon (2013)

« Dieu est dans les détails », assurément. L'adage couramment utilisé par Ludwig Mies van der Rohe, qui l'avait emprunté à saint Thomas d'Aquin, est bien utile pour qui veut réussir à émouvoir avec des formes simples. Canapé droit, fait de panneaux minces (et repliables pour le transport), joints par des sangles bien visibles, où le matelas de plume et les coussins évoquent le lit de repos conçu par Marc Held pour l'hôtel particulier de la rue de Varenne. Il sera repris dans le *showroom* d'IBM et au palais de l'Élysée. Ce modèle a été modifié en 2012 et fabriqué artisanalement en sept exemplaires. Il s'affirme comme indémodable.

"God is in the details" – most certainly. This adage, often used by Ludwig Mies van der Rohe, who took it from Saint Thomas Aquinas, is useful for anyone who wants to inspire emotions with simple forms. A sofa, made of thin panels (and foldable for transportation) joined by very visible straps, where the feather mattress and the cushions evoke the day bed designed by Marc Held for the private mansion on the rue de Varenne. It would be used in the IBM showroom and in the Élysée Palace. This model was modified in 2012 and hand-crafted in seven copies. It is unquestionably timeless.

Déclinaison d'un système modulaire d'éclairage, 1974

Système modulaire par assemblage de tubes et de raccords métalliques vissés et de réflecteurs différents

« Je mets de la discipline en tout. Ma tête marche tout le temps. Une façon de lutter contre la confusion mentale, c'est de commencer par une phase analytique. » Avec une telle ligne de conduite et le goût de montrer comment c'est fait, Marc Held « démonte » l'objet à construire, puis joue avec les éléments coordonnés – le fût, le socle, le bras articulé, différentes coupoles d'abat-jour, différents matériaux, différentes proportions. Pour aboutir à une collection modulaire où l'on trouve l'applique, le lampadaire, la lampe à poser. Une famille de formes. Par suite d'un différend entre le fabricant et le distributeur, cette gamme ne sera pas mise sur le marché. En revanche, la lampe de bureau, en métal chromé, modèle d'équilibre, figure dans le grand salon de l'Élysée.

"I put discipline into everything. My mind works all the time. A way of fighting mental confusion is to begin with the analytical phase." With this approach, and a taste for showing how things are made, Marc Held "dismounts" the object to be constructed, then plays with the coordinated elements: the shaft, the base, the articulated arms, the different cupolas of the lampshade, different materials, different proportions – to result in a modular collection with a sconce, standing lamp, table lamp. A family of forms. After a disagreement between the manufacturer and the distributor, this range would not be put on the market. On the other hand, the chrome-plated desk lamp, a model of balance, was used in the large salon of the Élysée Palace.

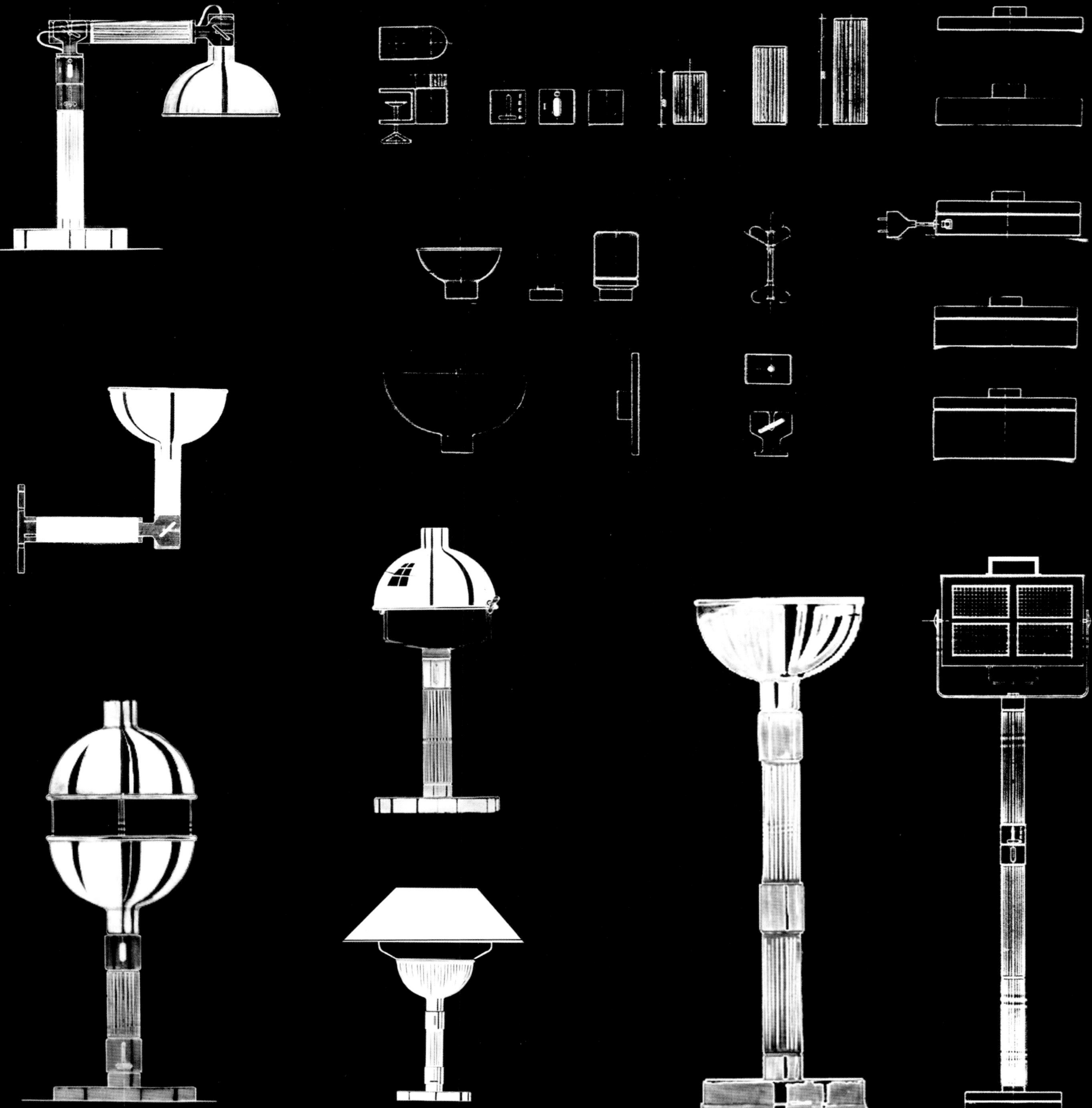

N° 1 Lampadaire, 1974

Métal laqué noir ou métal laqué blanc
H. 154 H. (base) 9 D. (abat-jour) 36
D. (base) 23 cm
4 exemplaires
Fabricants : Arlus, Verre Lumière

N° 2 Applique ou torchère, 1977

Créée pour le centre social IBM à Montpellier
Métal laqué blanc
100 exemplaires
Fabricant : Arlus

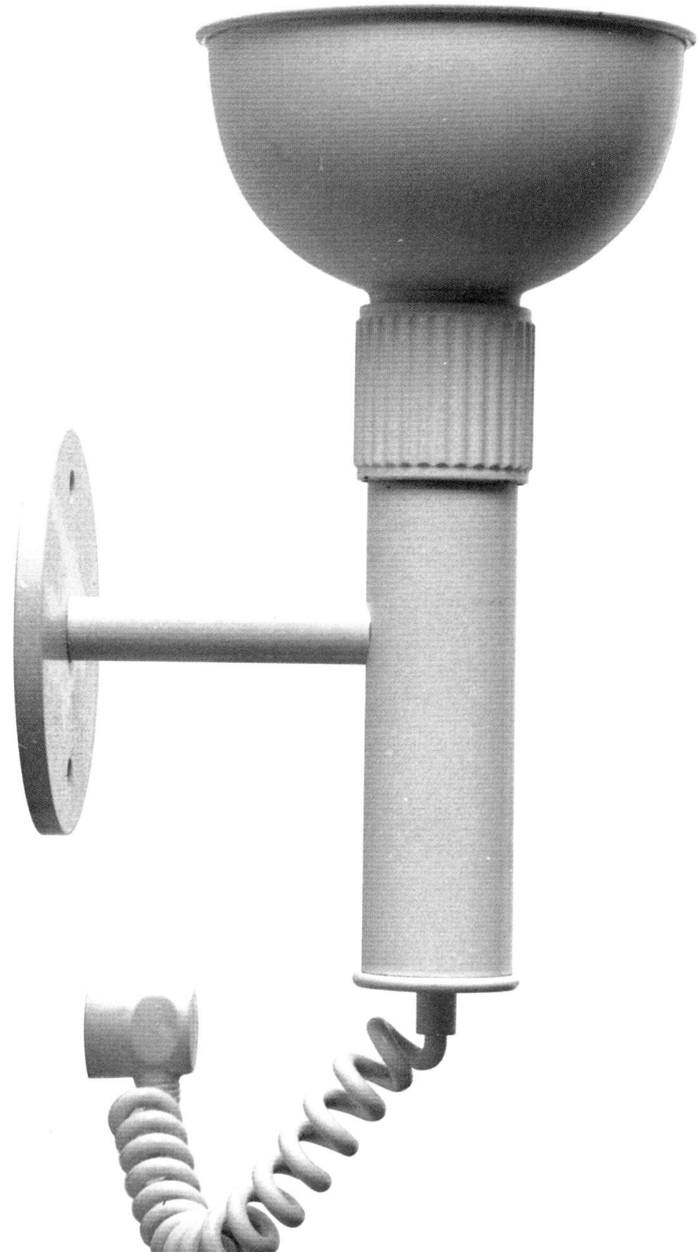

Nº 3 Lampe de bureau *Élysée*, 1977

Modèle chromé utilisé pour le grand salon de l'appartement présidentiel du palais de l'Élysée en 1983
Métal chromé ou métal laqué noir ou blanc mat
H. 58 D. 16,5 cm
Nombre d'exemplaires inconnu
Fabricants : Arlus, Verre et Lumière, Mobilier national
Distributeurs : Arlus, Verre et Lumière

Canapé, 1974

Mousse de latex
H. 48 L. 180 l. 80 cm
Nombre d'exemplaires inconnu
Fabricant : Dunlopillo
Distributeur : Dunlopillo

Pour Dunlopillo, le roi de la mousse de latex, Marc Held conçoit un canapé qui, à première vue, s'éloigne de ses obsessions de netteté, de transparence et d'assemblage. Et pourtant... Ici, le matériau est pris comme une matière à sculpter, en une seule masse. Pour lui donner forme, un dispositif à base de corde tendue répartit les forces, tient l'ensemble comme un énorme ballot et assure la stabilité – et le confort – de l'assise. Joufflu, accueillant et tout de même discrètement armaturé. Un tour de force.

For Dunlopillo, the king of latex foam, Marc Held designed a sofa that, at first glance, seems far from his obsession with sharpness, transparency and assembly. However... Here, the material is used as something to be sculpted, in a single mass. To give it shape, a taut rope-based system distributes the stresses and holds the whole together like a huge bundle, providing the seat's stability – and comfort. Plump, welcoming and with a frame that is nonetheless discreet. An amazing feat.

Accessoires de salle de bains, 1974

Étude pour Saint-Gobain
Caoutchouc moulé et verre

Mariage du souple et du rigide, utilisation du caoutchouc dense et du verre : une étude pour Saint-Gobain qui n'aura pas de suite mais qui témoigne de la recherche de nouvelles solutions techniques dans l'équipement de la maison.

A marriage of the flexible and the rigid, the use of dense rubber and glass: a study for Saint-Gobain that would go no further, but that reveals the search for new technical solutions for household equipment.

Lit, 1975

Créé pour la chambre n° 1 de la maison de Pommeréval
Pin
H. 38 L. 190 l. 140 cm
Exemplaire unique
Fabricant : Dimob

Amusante, cette traduction en bois de pin, pour la maison de campagne en Normandie, d'un modèle de lit monobloc qui s'apparente à celui qui avait fait la une du catalogue Prisu.

Droll, this translation into pine of a single-block bed model similar to the one on the cover of the Prisunic catalogue – here designed for a weekend house in Normandy.

Table, 1975

Créée pour la maison de Pommeréval
Pin
H. 73 L. 184 l. 87 cm
Exemplaire unique
Fabricant : Dimob

Se souvenant peut-être de la famille qui l'accueillit avec sa mère en Corrèze durant l'Occupation, Marc Held met au point, pour sa maison en Normandie, cette grande table en bois. Mais son esprit pratique lui dicte un habile dessin en Y, pour que les barres croisées laissent libre le passage des pieds de tous les convives.

Perhaps recalling the Corrèze family that sheltered him and his mother during the Occupation, Marc Held created this large wood table for his house in Normandy. But his practical spirit dictated a clever Y-shaped design so that the crossed bars leave room for the guests' legs to move freely under the table.

Petit véhicule électrique, 1978

Créé pour la Régie Renault
Prototype

« Avec l'équipe de prospective de Renault animée par Dan Vicas, nous pouvions rêver, imaginer, délirer à notre guise. Voitures partagées, voitures démontables en kit se prêtant à l'autoréparation, propulsion électrique, etc. Hélas, la Régie Renault nous considérait comme des farfelus dont les idées étaient bien trop avancées, mais qui avaient pour rôle de chahuter un peu les ingénieurs maison. »

"With the Renault prospective team, led by Dan Vicas, we could dream, imagine, rave as much as we liked. Shared cars, dismountable cars in kits that the owner could repair himself, electric propulsion and so on. Alas, the Renault management considered us eccentrics whose ideas were much too advanced, but whose role was to shake up the in-house engineers a little."

VBG H3

Automobile, 1974-1975

Proposition de carrosserie et d'intérieur pour le modèle R25 de la Régie Renault

VIDANGE:250 KM
RETARD SUR HORAIRE:7'12"
145
37

Lits à boules 1 ou 2 places, 1975

Structure en tube ovoïde, pièces d'assemblage en aluminium moulé
L. 140 l. 190 cm
Nombre d'exemplaires inconnu
Fabricant : Tecnolit
Distributeur : Tecnolit

Un bel objet, bien dessiné : une boule en aluminium moulé, pour assurer – et souligner – les articulations d'une structure en tube ovoïde. Utilisée par le designer pour un modèle de lit, elle équipe aussi une série de sièges modulaires conçus pour les salles d'attente ou les bureaux, qui reçoivent l'Oscar du meuble en 1976 (voir double page suivante).

A beautiful, well-designed object: a molded aluminum sphere, to provide – and accentuate – the articulations of an ovoid wood structure. Used by the designer for a bed model, it is also on a series of modular seats designed for waiting rooms or offices, which won the furniture Oscar in 1976 (see the following double page).

Sièges à boules 1 ou 2 places, 1975

Oscar du meuble en 1976
Structure en tube ovoïde, pièces d'assemblage en aluminium moulé, coussins en mousse
Nombre d'exemplaires inconnu
Fabricant : Airborne
Distributeur : Airborne

Ce mode d'assemblage de tubes est bien dans l'esprit rationaliste du designer. Un seul moule pour produire les deux parties d'une sphère qui assemblera les éléments longitudinaux nécessaires à la construction d'objets divers tels que lits, sièges, tables, etc.

The tube assembly method is clearly in the designer's rationalist spirit. A single model to produce the two parts of a sphere that would bring together the longitudinal elements required to build various objects such as beds, seats, tables, etc.

Chauffeuse en fil d'acier, 1975

Fil en Inox brossé, assemblage par ligatures en fil de laiton, assise en croupon, coussins en cuir souple, accoudoirs en bandes de cuir tressé
H. 80 H. (assise) 44 H. (accoudoirs) 54
l. 85 P. 112 cm
Exemplaire unique (prototype)
Fabricant : Dunlopillo

Dans la famille structuraliste, des prototypes de fauteuils et canapés en fil d'acier et coussins de cuir. Une recherche dans la lignée des modernistes des années 1930, Marcel Breuer, Le Corbusier ou Mies van der Rohe, avec une touche assez *fifties* qui évoque le matériel de camping, ce qu'on appelle aujourd'hui le mobilier *outdoor*. Mais le rusé Marc Held ne renonce pas au cuir, un matériau de prédilection, et affirme son jansénisme avec le souci d'être vrai. Et confortable.

These armchair and sofa prototypes in wire with leather cushions are from the structuralist family. This was a line of research that followed the Modernists of the 1930s – Marcel Breuer, Le Corbusier or Mies van der Rohe – with a rather fifties touch that recalls camping equipment, and that today we call outdoor furniture. But the wily Marc Held did not forget leather, a favorite material, and asserted his Jansenism with a concern for being true. And comfortable.

Canapé 2 places en fil d'acier, 1975

Fil en Inox brossé, assemblage par ligatures en fil de laiton, assise en croupon, coussins en cuir souple, accoudoirs en bandes de cuir tressé
H. 80 H. (assise) 44 H. (accoudoirs) 54
l. 150 P. 112 cm
Exemplaire unique (prototype)
Fabricant : Dunlopillo

Ce siège exprime lui aussi l'esprit constructiviste de son concepteur. Les éléments qui le constituent sont indépendants les uns des autres et sont assemblés et solidarisés par des ligatures en fil fin de laiton. L'assise réalisée en mousse et peau souple est renforcée par un lé de croupon. On perçoit bien la filiation du Bauhaus.

This couch also expresses the constructivist spirit of its designer. Its components are independent from each other and are assembled and interlocked by thin brass wire ligatures. The foam seat with its supple skin is reinforced by a leather strip. We can clearly see its affiliation with the Bauhaus school.

Tabouret, 1975

Créé pour le *showroom* IBM
Fil d'acier chromé, assise en croupon fixée par vis, écrous et rondelles en cuvette
H. 32 H. (siège) 74 L. 55 cm
50 exemplaires
Fabricants : Lipschitz (métal), Touroule Chevalerie (sellerie)

Porte-gravure, 1975

Créé pour la galerie Erval, rue des Beaux-Arts, Paris
Fil d'acier chromé et bois de frêne huilé
H. 70 L. 40 l. 20 cm
4 exemplaires
Fabricant : Lipschitz

Table octogonale de salle à manger, 1975

Créée pour la maison Bocognano à Zilia, Corse
Plateau en bois lamellé collé et incrustation en ardoise, piètement en bois
H. 72 L. 140 l. 140 cm
Exemplaire unique détruit lors d'un incendie ; une copie a été exécutée hors du contrôle du designer
Fabricant : Randazzo

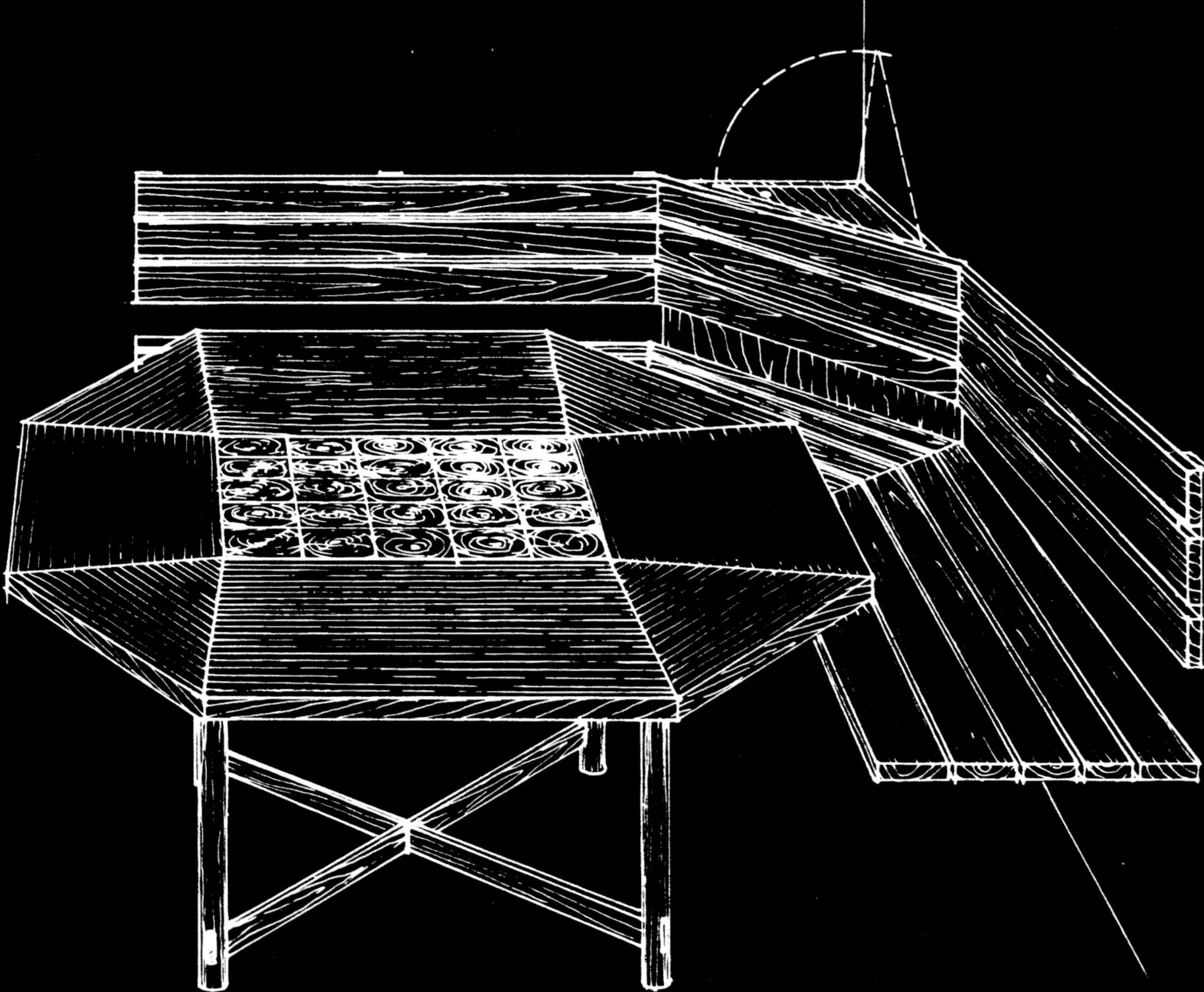

La Méridienne, 1979

Voiture familiale, carrosserie adaptée de celle d'un Renault Trafic
Modèle ayant servi d'esquisse conceptuelle et de test pour la Renault Espace qui lui a succédé
1 000 exemplaires
Fabricant : Établissements Chausson (filiale de Renault et Peugeot)
Distributeur : Régie Renault

Lors de sa collaboration de plusieurs années avec Renault, entre 1974 et 1978, Marc Held a supporté les frustrations dues à ce travail de recherche. En revanche, la Méridienne fait partie des bons souvenirs. Ce véhicule est issu des recherches effectuées avec Dan Vicas et son équipe de prospective de la Régie Renault. Il annonce très tôt un engouement durable pour ce type d'automobiles. Polyvalence des fonctions intérieures, espace. Ce nom, « l'Espace », fut d'ailleurs choisi par la Régie Renault pour commercialiser la version finale du véhicule développé ensuite par la société Matra.

During his years with Renault, from 1974 to 1978, Marc Held endured the frustrations caused by that type of research work. On the other hand, the Méridienne remains one of his happy memories. This vehicle came out of research conducted with Dan Vicas and his prospective team at Renault. He announced very early on a lasting fascination with this type of car, with the versatility of its interior functions and its space. Indeed, the name "Espace" (space) was chosen by Renault to market the vehicle's final version, subsequently developed by the Matra company.

Table carrée, 1983

Créée pour un centre de formation IBM, conçue pour accompagner des chaises Thonet
Bois de hêtre, Formica blanc satiné
H. 70 L. 80 l. 80 cm
20 exemplaires environ
Fabricant : Dimob

Service de table en porcelaine, 1980

Étude pour un porcelainier allemand
Prototype réalisé par Coquet
Fabricant : Coquet

L'histoire mal terminée de ce service de porcelaine est représentative des relations parfois difficiles entre les créateurs et les industriels. « L'idée de concevoir un nouveau service me plaisait beaucoup : je le voyais comme une suite aux porcelaines du XVIIIe siècle – pas dans la forme bien entendu, mais dans le sens de la finesse. J'imaginais des pièces aussi légères que de la coquille d'œuf et tout aussi translucides. Je me remis au travail : dessins, puis maquettes-volumes en plâtre. Après un long délai, je fus enfin prêt à montrer mes modèles… la réunion se tenait dans la salle du conseil de la société. Les hauts techniciens étaient en blouse blanche, les chefs du marketing en costume cravate, pas souriants pour un sou. J'ai alors déballé un à un mes trésors. Le président n'a rien dit, et le patron de la fabrication m'a interrogé en allemand : “Pourquoi ceci et comment fabriquer cela ?” De toute évidence je n'étais pas le bienvenu. C'est encore une fois le rejet de l'intrus. »

The unfortunate story of this porcelain service is representative of the sometimes difficult relations between creators and manufacturers. “I really liked the idea of designing a new service: I saw it as a continuation of 18th-century porcelain – not in shape, of course, but in the sense of the material's fineness. I imagined pieces as light as an eggshell and just as translucent. I got down to work: drawings, then volume models in plaster. After a long delay, I was finally ready to show my models… the meeting was held in the company's board room. The high-level technicians were in white lab coats, the heads of marketing in suits and ties, not a smile to be seen. I then unpacked my treasures one by one. The CEO didn't say a word and the production manager questioned me in German: ‘Why this and how do you make that?’ Obviously, I wasn't welcome. It was once again the rejection of the intruder.”

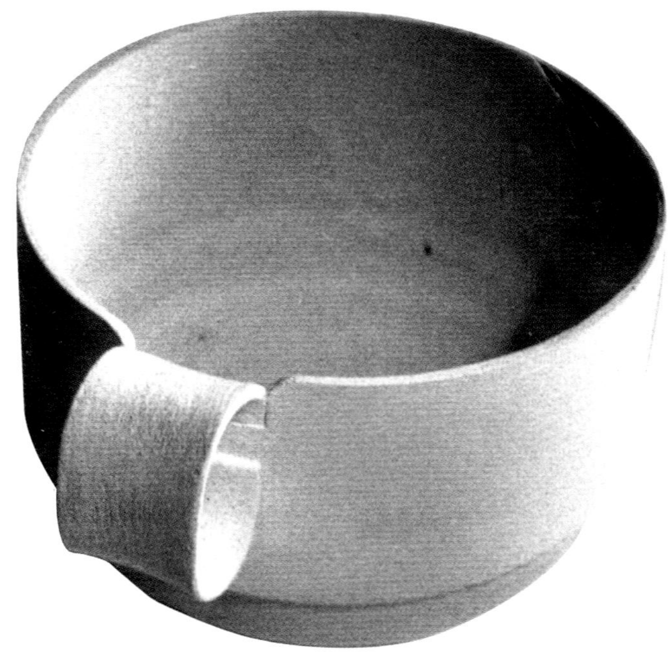

Mobilier d'exposition modulaire, 1981

Créé pour Fedeau (Fédération pour le développement de l'artisanat utilitaire)
Le système a été utilisé pour la première fois à l'occasion d'une exposition d'art africain à Paris
Perches en bois, assemblage par boulons et écrous
20 exemplaires
Fabricant : Lipschitz

FEDEAU

Système pour bureautique, 1981

Créé pour la société Europ Assistance
Grillage métallique chromé pour les rangements, perches en bois de frêne, raccords métalliques et plateau en stratifié blanc pour le bureau
50 exemplaires
Fabricant : Dimob

CONSEIL

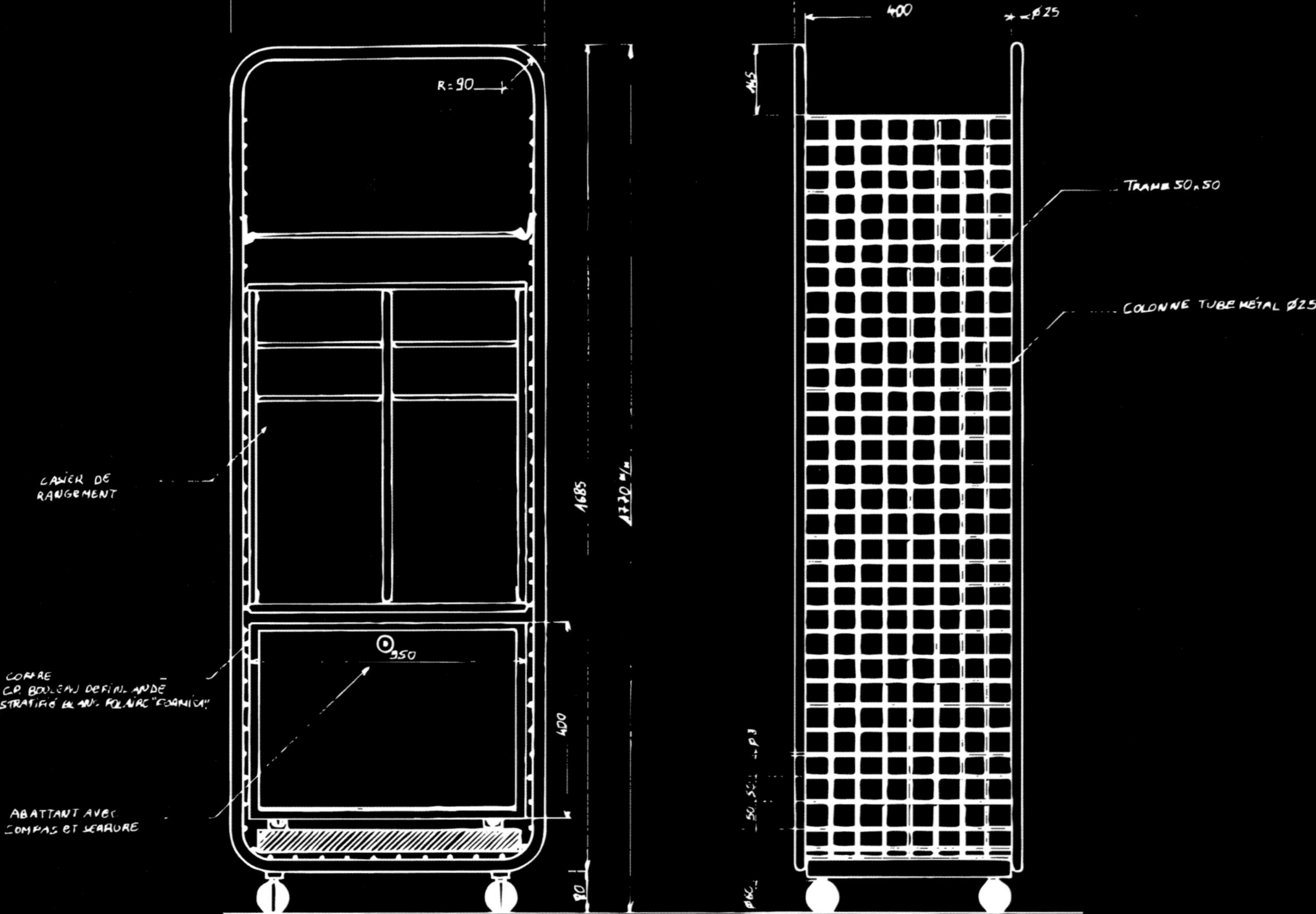
R=90
CASIER DE RANGEMENT
COFFRE
ABATTANT AVEC COMPAS ET SERRURE
1685
1720 m/m
400
80
950
400
Ø25
145
TRAME 50x50
COLONNE TUBE MÉTAL Ø25

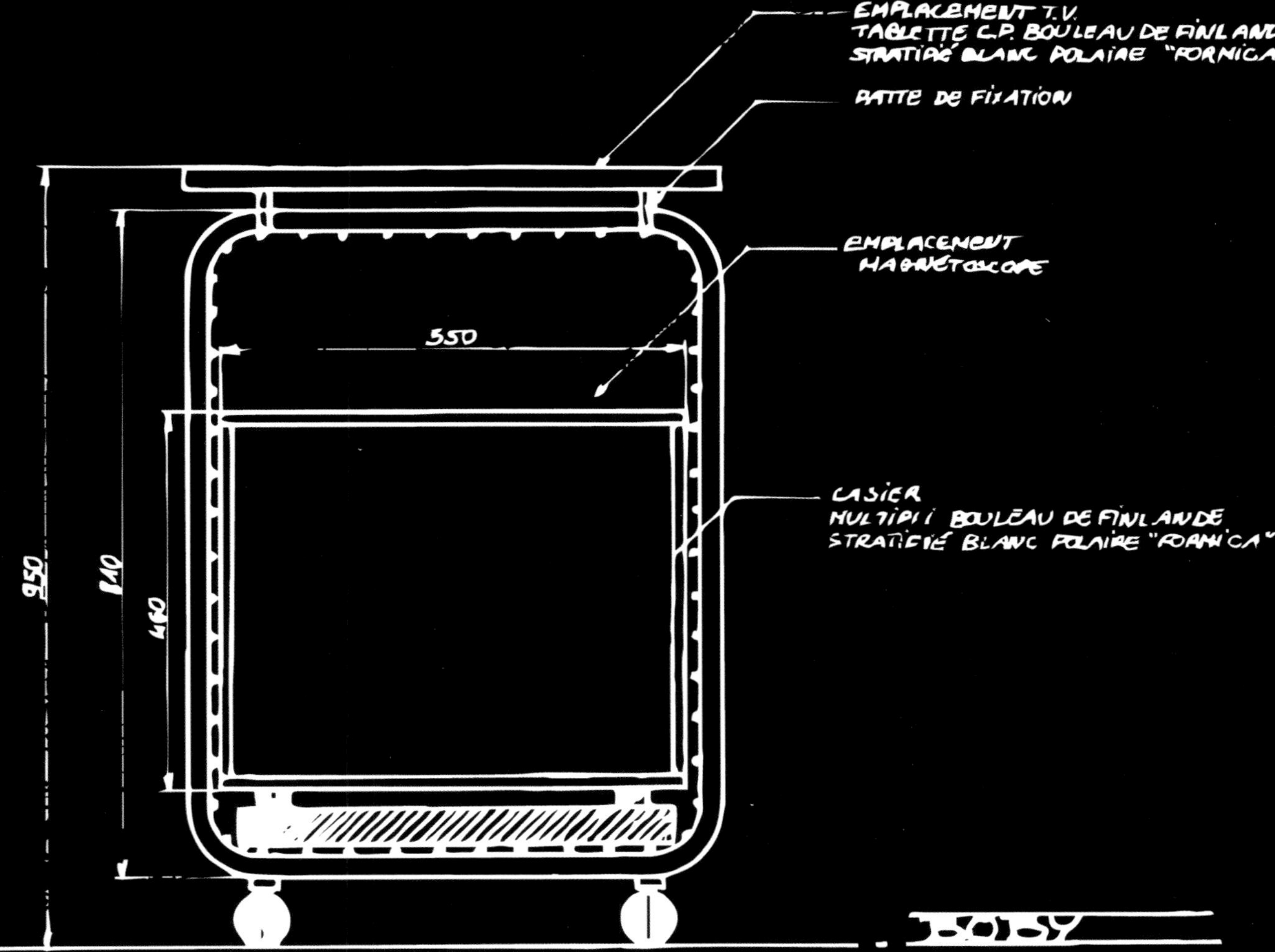
EMPLACEMENT T.V.
TABLETTE C.P. BOULEAU DE FINLANDE
STRATIFIÉ BLANC POLAIRE "FORNICA"
PATTE DE FIXATION
EMPLACEMENT
MAGNÉTOSCOPE
550
CASIER
MULTIPLI BOULEAU DE FINLANDE
STRATIFIÉ BLANC POLAIRE "FORNICA"
950
810
410

Mobilier informatique, 1981

Créé pour la société I-Mage
Console, siège, modules de commandes en bois teinté gris avec filets en laque rouge, assise en croupon
20 exemplaires environ
Fabricant : Dimob

Cachez cet écran que je ne saurais voir... Bien avant l'invasion informatique, l'idée de loger un écran de consultation publique dans une borne en bon et beau bois, symbole du temps qui passe, est conforme à la double culture de Marc Held, tourné vers la modernité, sans oublier les matériaux nobles.

Hide that screen that I couldn't see... Well before the invasion of computers, the idea of housing a public consultation screen in a handsome terminal in wood, a symbol of the passing of time, is in line with Marc Held's dual culture, oriented toward modernity, without overlooking natural, elegant materials.

Stylo, 1981

Étude pour la société Parker

Des stylos comme des outils… Pour un amoureux de l'écriture, de la littérature et des mots bien choisis, avec ou sans ratures, il aurait été dommage que l'instrument, la plume qui accompagne la pensée en mouvement sur la feuille blanche, ne figure pas dans son portfolio.

Pens as tools… For someone who loves writing, literature and well-chosen words, with or without crossing out, it would have been a shame if the instrument, the pen that accompanies thought in motion on a blank sheet of paper, was not part of his portfolio.

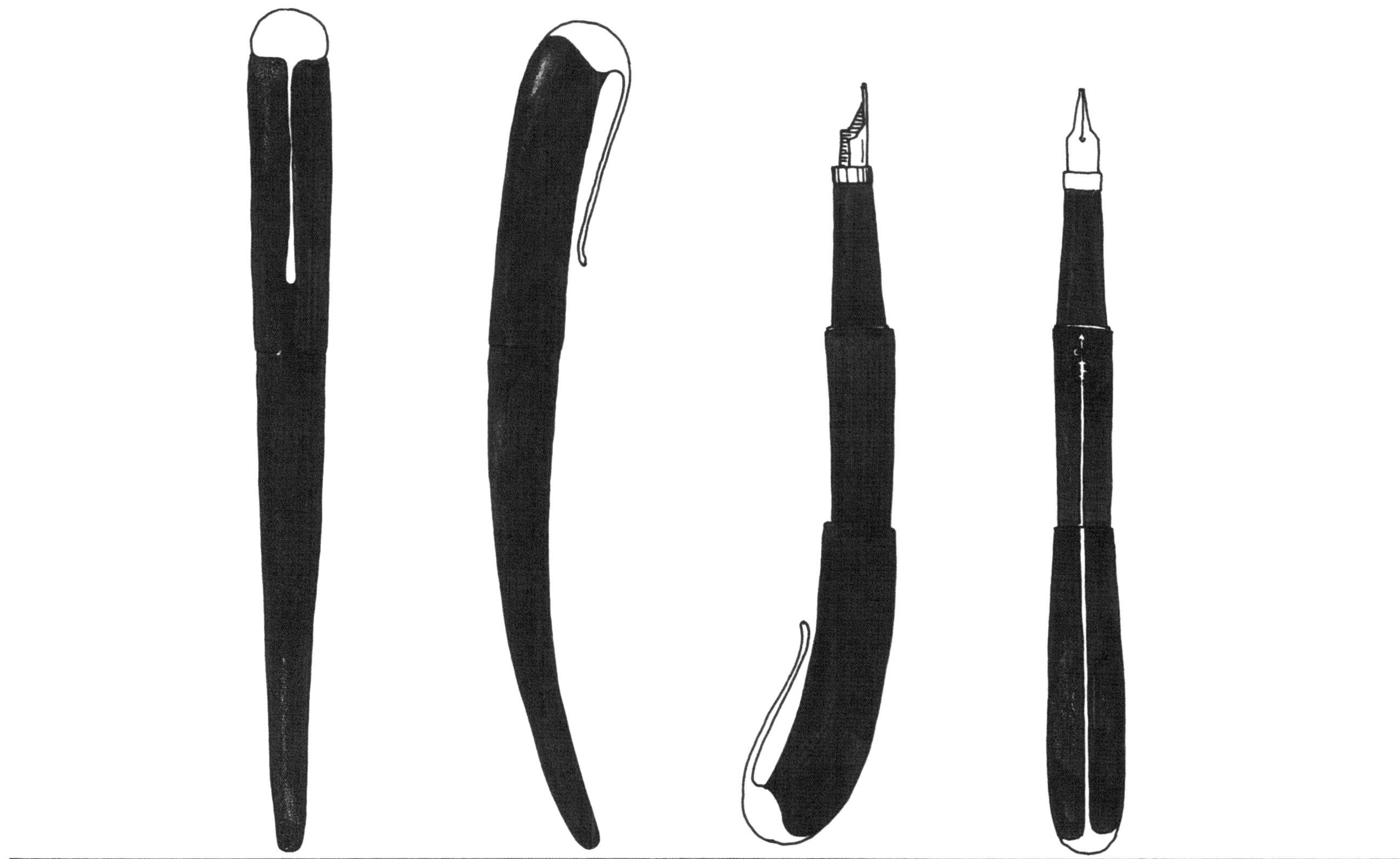

Table de salle à manger, 1983

Créée pour le centre social IBM, Montpellier
Plateau plaqué lamifié satiné, alèses en bois de hêtre massif de 12 mm, piètement en bois de hêtre tourné, embase en fil métallique noir mat
H. 73 L. 200 l. 78 cm (grande table)
H. 73 L. 140 l. 78 cm (petite table)
200 exemplaires
Fabricant : Bessière
Des paravents acoustiques ont été conçus à cette même occasion (20 environ)

Pour l'usine IBM de La Lande (Montpellier) et ses 3 000 employés, Marc Held est chargé de concevoir un centre social et un restaurant d'entreprise de 1 000 places. Il propose de tourner le dos aux bâtiments existants et d'installer un « carré », un cloître de sérénité, autour d'un grand patio planté d'arbres de la région : trente ans plus tard, « mes oliviers sont toujours là, mes chaises aussi d'ailleurs », peut dire le designer. Dans la salle à manger, les tables en lamifié avec alèses en bois sont posées sur un pied cylindrique, conforté par une embase en fil métallique. Simplicité, solidité.

For the IBM factory at La Lande (Montpellier) and its 3,000 employees, Marc Held was tasked with designing a social center and company restaurant for 1,000 people. He proposed to ignore the existing buildings and to set up a "square," a cloister of serenity, around a large patio planted with trees from the region: the designer can say, thirty years later, that "my olive trees are still there, and moreover my chairs as well." In the dining room, the laminate tables with wood rebates are set on a cylindrical foot, reinforced by a wire base. Simplicity and solidity.

Chaise, 1983

Créée pour le restaurant de Centre Social IBM, Montpellier
Contreplaqué multipli découpé pour le piètement et modelé pour l'assise et le dossier, assemblage par vis BTR et inserts
H. 74 l. 45 cm
920 exemplaires
Fabricant : Bessière

Taillée dans un contreplaqué multipli avec un relief qui fait apparaître, comme des nervures, les différentes strates de bois, la chaise pour IBM comprend deux profils, deux barres de maintien, une assise et un dossier, qui ont été modelés par Bessière à Montfort-l'Amaury. La structure est simple, le dessin à la fois efficace et gracieux. Chaise pour collectivité, comme la chaise Thonet en son temps, usinée et transportée à plat, montée facilement, qui résiste au temps.

Cut from a multi-ply plywood with a relief that makes the different layers of wood appear like veins, the chair for IBM has two profiles, two support bars, a seat and a back that had been modeled by Bessière in Montfort-l'Amaury. The structure is simple, the design both efficient and graceful. A chair for collective use, like the Thonet chair in its time, machined and transported flat, easily mounted and most durable.

La chaise IBM à l'heure de la cigarette des cuistots trente ans plus tard, 2013.

Table haute, 1983

Créée pour la cafétéria du centre social IBM, Montpellier
Plateau rond en contreplaqué multipli, plaquage en lamifié blanc satiné, piètement en bois de pin tourné et fil métallique chromé
H. 111 D. 48 cm
18 exemplaires
Fabricant : Bessière, ébéniste

Marc Held, on l'a compris, aime montrer comment c'est construit : le guéridon haut pour IBM n'est autre qu'un plateau, un pied et un appareillage de métal filiforme pour la stabilité du tout. Un jeu de forces maîtrisées.

As we have seen, Marc Held likes to show how things are built: the high pedestal table for IBM is nothing more than a top, a foot and a thread-like metal fitting to provide stability. A controlled play of forces.

Secrétaire à abattant, 1983

Créé pour l'appartement présidentiel du palais de l'Élysée
Bois d'épicéa et d'érable
H. 107 L. 93 P. 39 cm
Exemplaire unique (propriété du Mobilier national)
Fabricant : Thibault Desombre, ébéniste

Ayant lancé de grands chantiers d'architecture pour Paris, sous la présidence de François Mitterrand, le ministère de la Culture se préoccupait aussi de promouvoir le design, discipline d'avenir. Quoi de mieux que de montrer l'exemple et d'inviter cinq designers à l'Élysée pour aménager l'appartement dit privé. Parmi eux, Marc Held est à cette époque « le plus connu et le plus expérimenté » ; il reçoit en partage le grand salon. Le choix est clair : des murs blancs, des meubles raffinés. L'occasion de développer des modèles qui exigent une qualité de recherche et d'exécution. Ainsi le secrétaire à abattant, avec son toit bombé comme un instrument de musique précieux. Un contreplaqué moulé de bois d'épicéa et d'érable en feuilles minces, « comme le Guarnerius de mon ami le violoncelliste Wolfgang Böttcher », se souvient Marc Held. Réalisé par l'ébéniste Thibault Desombre, compagnon du Tour de France, le meuble figure dans les collections du Mobilier national.

Having launched several large-scale architecture projects for Paris under the presidency of François Mitterrand, the Ministry of Culture was also concerned with promoting design, the discipline of the future. What better way to set an example than to invite five designers to the Élysée Palace to remodel the so-called "private" apartment. In this period, Marc Held was "the best-known and the most experienced" among them. His part was the large salon. The choice was obvious: white walls, refined furniture. The occasion allowed him to develop models that required quality research and execution. Consequently, the drop-leaf desk with its rounded top, like a valuable musical instrument; molded plywood made of spruce and maple in thin sheets, "like the Guarnerius of my friend the cellist Wolfgang Böttcher," Marc Held remembers. Fabricated by the cabinet-maker Thibault Desombre, a "compagnon de Tour de France" craftsman, the piece is now in the collections of the Mobilier national.

Desserte, 1983

Créée pour l'appartement présidentiel du palais de l'Élysée
Contreplaqué de loupe d'orme
H. 90 L. 65 P. 65 cm
3 exemplaires (propriété du Mobilier national)
Fabricant : Patrick Blot, ébéniste

Une série de dessertes en loupe d'orme, orthogonales et sobres, exécutées par l'ébéniste Patrick Blot, apportent un esprit de fonctionnalité sobre dans l'équipement du salon. Marc Held se dit impressionné par l'esprit de Katsura, un des palais de Kyoto, au Japon, et cette influence est sans doute illustrée par ce mobilier mystérieux.

A series of side tables in elm burr, orthogonal and plain, executed by the cabinet-maker Patrick Blot, provides a spirit of sober functionality to the salon. Marc Held was impressed by the spirit of Katsura, one of the palaces in Kyoto, Japan, and this influence is undoubtedly illustrated by this mysterious furniture.

Chaise de salle à manger, 1983

Créée pour l'appartement présidentiel du palais de l'Élysée
Contreplaqué multipli modelé dans la masse, piètement en fil d'acier trempé, assemblage par une sphère d'aluminium moulé
H. 75 L. 49 cm
10 exemplaires (propriété du Mobilier national)
Fabricant : Bessière, ébéniste

Pour les chaises, Marc Held fait modeler par Pierre Bessière un contreplaqué multipli dont les couches de bois de différentes teintes offrent un dessin complexe, baroque et aléatoire. Quand le matériau lui-même apporte sa part graphique, la forme peut rester simple.

The chairs Marc Held had modeled by Pierre Bessière in multi-ply plywood whose layers of wood in different hues display a complex, baroque and random design. When the material itself contributes its graphic share, the shape must remain simple.

Chaise de bureau, 1983

Créée pour l'appartement présidentiel du palais de l'Élysée
Contreplaqué multipli modelé dans la masse, piètement en fil d'acier trempé, assemblage par sphère d'aluminium moulé
H. 75 L. 49 cm
2 exemplaires (1 exemplaire propriété du Mobilier national)
Fabricant : Bessière, ébéniste

Table de salle à manger, 1983

Créée pour l'appartement présidentiel du palais de l'Élysée
Plateau en contreplaqué multipli, avec partie centrale et mobile sur roulements à billes, piètement en fil d'acier trempé assemblé par des sphères d'aluminium moulé
H. 74 D. 178 cm
Exemplaire unique (propriété du Mobilier national)
Fabricant : Bessière, ébéniste

La table de salle à manger est une subtile combinaison de modernité, avec son piètement complexe en fil d'acier sur des petits pieds boules et son plateau en contreplaqué multipli travaillé au centre par un plateau tournant.

The dining room table is a subtle combination of modernity, with its complex wire leg assembly on small ball-shaped feet and its multi-ply plywood top worked in the center by a revolving tray.

Bibliothèque, 1983

Créée pour l'appartement présidentiel du palais de l'Élysée
En collaboration avec Michel Holzer
Contreplaqué multipli
H. 192 L. 196 P. 73 cm
Exemplaire unique (propriété du Mobilier national)
Fabricant : Bessière, ébéniste

Pas de tricherie : la bibliothèque et ses montants imbriqués comme les éléments d'un casse-tête ne se cachent pas derrière un décor.

No cheating here: the bookcase and its interlinking uprights, like the elements of a Chinese puzzle, are not concealed behind decoration.

Table de bureau, 1983

Créée pour l'agence Lintas
Piètement de parpaing, contreventements en fil d'Inox, plateau en verre
Exemplaire unique

Encore une fois, marier les contraires, le béton et le verre, le lourd et le transparent, non moins lourd mais visuellement paradoxal, une table pour un créatif, même si l'idée d'un plateau transparent, très en vogue dans ces années-là, n'est pas toujours une aide à la concentration des idées.

Once again combining opposites, concrete and glass, the heavy and the transparent, the no-less-heavy yet visually paradoxical, this was a table for a creative director, even if the idea of a transparent top, very much in fashion in those years, was not always helpful for concentrating on ideas.

Siège, 1984

Créé pour le paquebot de croisière *Wind Star*
Structure en acier Inox mat, sellerie en cuir et mousse
H. 67 L. 69 P. 65 cm
200 exemplaires
Fabricant : inconnu

Pour un designer, toute occasion est bonne pour créer de nouveaux modèles. Marc Held, chargé avec son équipe des aménagements intérieurs des trois fameux paquebots à voile pour la compagnie américaine Windstar Cruises, en profita pour concevoir deux lignes de meubles, dont ce siège pour le paquebot *Wind Star* et celui de la page 306 pour le grand salon de *Wind Song*.

For a designer, any occasion is a good one to create new models. Tasked along with his team to remodel the interiors of three famous cruise ships for the American company Wind Star Sail Cruises, Marc Held took advantage of the opportunity to design two furniture lines, including this seat for Wind Star *and the one on page 306 for the main salon of* Wind Song.

Table basse, 1984

Créée pour le paquebot de croisière *Wind Star*
Structure en acier Inox mat, plateaux en glace de 10 mm
H. 60 D. 65 cm
50 exemplaires
Fabricant : inconnu

Table, 1985

Créée pour le paquebot de croisière *Wind Song*
Plateau et piètement cylindrique en bois de teck, base en Inox mat, contreventements par ridoirs en acier Inox mat
H. 73 D. 80 cm
80 exemplaires
Fabricant : inconnu

Sièges de jardin empilables, 1985

En collaboration avec Élisabeth Wieland-Thomann
Plastique injecté massif
500 exemplaires environ
Fabricant : Triconfort-Kettal
Distributeur : Triconfort-Kettal

Ce siège étudié pour la société Triconfort-Kettal est encore commercialisé aujourd'hui.
Son dessin n'est pas révolutionnaire mais les détails sont d'une grande finesse.
Marc Held parvint à convaincre les industriels de mettre au point une technique de fabrication permettant de donner aux meubles une densité élevée. Les effets de durabilité et de solidité sont évidents pour quiconque prend l'objet en main. Sur la terrasse de l'hôtel Danieli, à Venise, le siège *Élysée* était toujours utilisé il y a peu, après de nombreuses années de service.

This seat, designed for the Triconfort-Kettal company, is still sold today. Its design is not revolutionary but the details are extremely refined. Marc Held managed to convince the manufacturers to develop a fabrication technique that would give furniture a high density. The durability and solidity are obvious to anyone who picks up the object. On the terrace of the Danieli hotel in Venice, the Élysée *seat was still in use not so long ago, after many years of service.*

Siège du grand salon, 1985

Créé pour le paquebot de croisière *Wind Song*
Armature métallique, coussin en mousse, housse en cuir, sangles en croupon
H. 83 l. 66 P. 78 cm ; assise H. 41 l. 46 P. 46 cm
200 exemplaires
Fabricant : Touroule Chevalerie pour la sellerie

Table *Kyoto*, 1985

Créée pour l'appartement de la rue Chapon, Paris
Piètement en tube et plats métalliques noir mat, embases à partir d'haltères, plateau en contreplaqué de bois d'okoumé
H. 80 L. 240 l. 74 cm
Exemplaire unique
Fabricant : Dimob

Cette table est un autre exemple de la méthode conceptuelle du designer. Recycler des composantes existantes – les haltères – et les associer à des éléments construits pour l'occasion : tubes et plats de métal. Les bases lourdes – en fonte – servent de lest et permettent de se contenter d'un piètement central.

This table is another example of the designer's conceptual method. Recycling existing components – the dumbbells – and combining them with elements fabricated for the occasion: metal tubes and flat pieces. The heavy bases – in iron – serve as ballast and enable a straightforward central leg assembly.

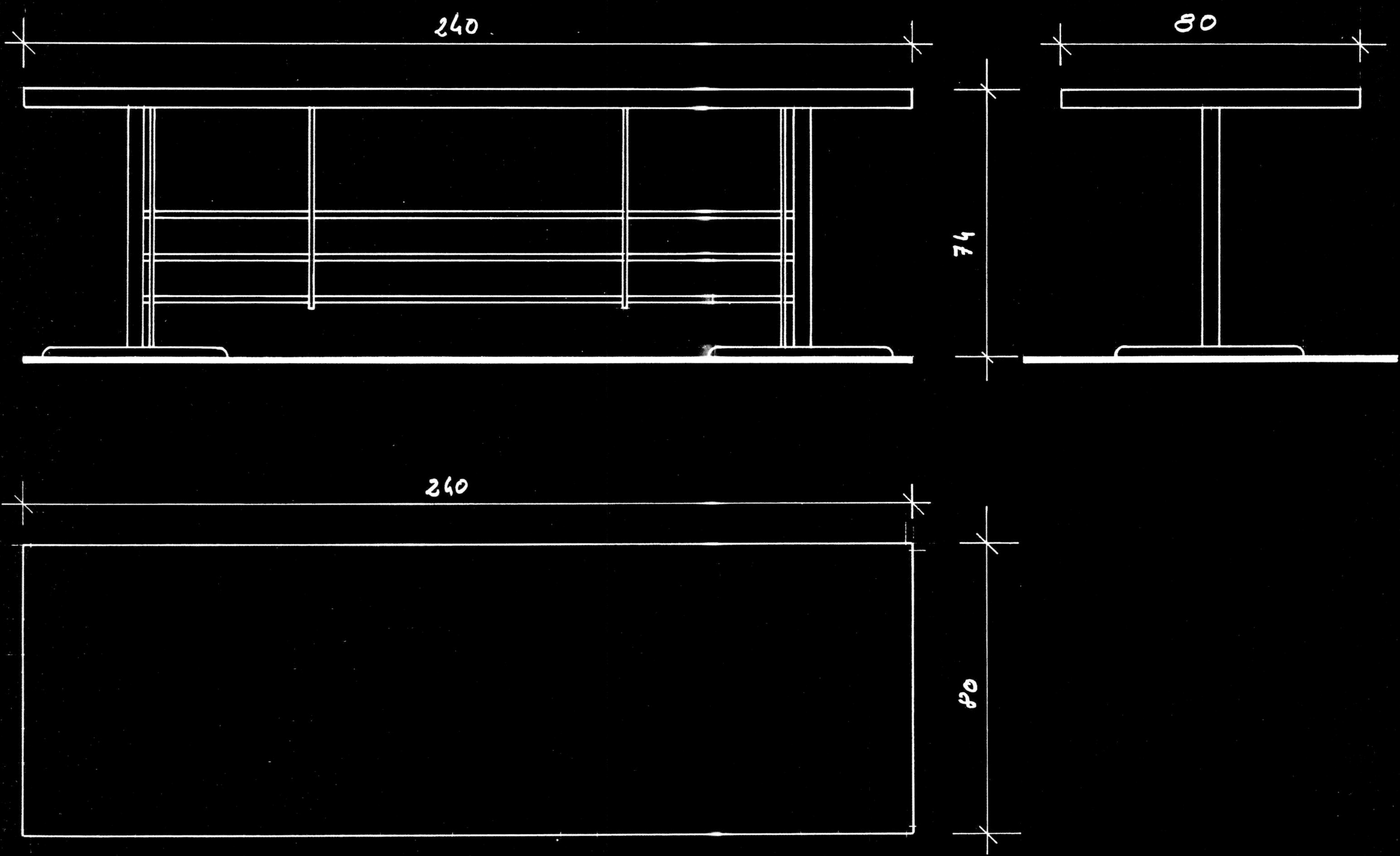

240
80
74
240
80

Tablette, 1985

Créée pour l'appartement de la rue Chapon,
Paris
Contreplaqué multipli
H. 68 L. 130 l. 60 cm
Exemplaire unique
Fabricant : Dimob

Chronomètre, 1986

Déclinaison des modèles Lip et Vuillemin Regnier
Boîtier noir mat, cadran blanc, bracelet cuir noir mat
D. 33 cm
Nombre d'exemplaires inconnu
Fabricant : Vuillemin Regnier
Distributeur : Vuillemin Regnier

Vuillemin
Regnier
SA
DI
LU
MA
ME
JE
NOV
JAN
MAR
MAI
JUL
SEP

Pull-over (textile inspiré par la culture sarakatsani, Grèce), 1987

3 modèles créés pour le magazine *Jardin des modes*
Fils de laine et de soie
1 exemplaire de chaque
Fabricant : *Jardin des modes*

UN GILET FREGOLI SIGNE MARC HELD

Les explications de ce modèle seront envoyées sur demande accompagnée d'une enveloppe timbrée à 3,70 F. Pour les recevoir, veuillez remplir le bon de commande ci-dessous et l'adresser à Jardin des Modes, centre Gaîté, 80, avenue du Maine, 75014 Paris Cidex 1037. Tél. : (1) 43.20.13.11.

☐ Le gilet Fregoli
☐ La capuche romantique

Nom ....
....
Prénom ....
Profession ....
Adresse ....
....
....
Code postal ....
Ville ....
....

Le grand cahie

UN GILET FREGOLI SIGNÉ MARC HELD POUR JARDIN DES MODES

Ce n'est pas un secret, au Jardin des Modes, on aime que le talent circule en libres échanges. Alors, que des architectes, que des designers dessinent des pulls nous semble une bonne formule. De ce goût profond pour le paradoxe, d'une science du tricot qui remonte à 1923 et de la créativité d'une équipe enthousiaste sont nés ce mois-ci un gilet Fregoli et sa capuche, vraiment peu communs.

LA CAPUCHE ROMANTIQUE
Tricotée en soie noire d'Anny Blatt, avec de petits pointillés en fils « Calcutta », cette capuche peut se porter seule, ou sur le gilet « carreaux et dentelle » (voir pages suivantes).

Crédence, 1991

Créée pour la maison Melissia, Grèce
Bois de pin
H. 200 l. 86 P. 46 cm
Exemplaire unique
Fabricant : Takis Stamoulis, ébéniste

1990 ! C'est le grand tournant pour Marc Held.
« Encore plus de pouvoir, plus de projets, des projets plus grands, une équipe de plus en plus nombreuse et pourtant tout cela me parut tout à coup vain. Le "patron" que j'étais devenu trouvait moins de goût à son métier que lors des années difficiles. »
Marc Held décide de changer radicalement de vie.
« Les articles et les couvertures de magazine avaient beau satisfaire mon ego, l'impression d'être dans un cul-de-sac me submergea… Partir, quitter tout cela, m'isoler dans la nature, mon vieux rêve réapparut dans toute sa force et je décidai de "quitter la scène". En un temps très court – moins d'un an –, je terminai mes projets ou les confiai à certains de mes collaborateurs. Ma femme Vilma et moi préparâmes notre départ dans la plus grande discrétion, faisant tout le nécessaire pour couper les ponts derrière nous. Clients fidèles et amis proches (seuls à être au courant) n'en croyaient pas leurs yeux et leurs oreilles et me prirent pour un fou… »

1990! This was the major turning point for Marc Held.
"Ever more power, more projects, larger projects, an ever larger team; and yet suddenly all of it seemed to me in vain. The 'boss' that I had become had less taste for his profession than during the tough years." Marc Held decided to change his life radically."The articles and magazine covers had certainly fed my ego, but I was immersed in the sense of being at a dead end… Take off, leave all that, isolate myself in nature – my old dream reappeared with full force and I decided to 'leave the stage.' In record time – less than a year – I finished my projects or turned them over to some of my colleagues. My wife Vilma and I got ready for our departure with the greatest discretion, doing whatever it took to burn our bridges. Loyal clients and close friends (the only ones who knew what was going on) couldn't believe their eyes and ears and thought I was crazy…"

Commode de mariage, 1991

Créée pour la maison Melissia, Grèce
Variation sur des thèmes balkaniques
Bois de rose
H. 130 L. 150 l. 47 cm
Exemplaire unique
Fabricant : Takis Stamoulis, ébéniste

Commence alors pour Marc Held une des périodes les plus productives et excitantes de sa vie de créateur.
« Je redécouvris les vraies joies du métier et retrouvai le bonheur de construire. Mais, cette fois, plus de collaborateurs, plus d'assistants... et plus de grands projets ! Je vérifiai ainsi que *"small is beautiful"*.
Je dessinai tout et dus aussi adapter mes méthodes de travail au savoir-faire local. Que ce soit pour le gros œuvre ou le second œuvre, ou encore pour le mobilier, je traçai les plans de détail à la plus grande échelle possible, mais en fait surtout pour ma propre gouverne, afin de ne pas être contraint d'improviser face à mes artisans. Pour eux, je produisis surtout des croquis de type "bande dessinée", ce qu'ils comprenaient bien mieux. Je dus aussi me mettre à calculer les débits de matériaux, les sections de bois, etc. »

And so began one of Marc Held's most productive and exciting periods as a creator.
"I rediscovered one of the true joys of the profession and the happiness of building. But, this time, no more collaborators, no more assistants... and no more large-scale projects! In this way, I verified that 'small is beautiful.' I drew everything myself, and had to adapt my work techniques to local knowledge. Whether it was for the main structure or finishing work, or for furniture, I set down the plans of the details on the largest scale possible, especially for my own guidance, and so as not to be forced to improvise when I dealt with my craftsmen. For them, I produced above all 'comic book'-style sketches, which they understood better. I also had to start calculating the material flow rates, wood sections and so on."

Système modulaire de bibliothèque, 1991

Créé pour la maison Melissia, Grèce
Bois de pin
Exemplaire unique
Fabricant : Takis Stamoulis, ébéniste

Cette nouvelle période créative donnera le jour à plusieurs maisons particulières parfaitement intégrées dans la nature, fidèles à l'esprit du lieu tout en étant contemporaines. L'architecte concevra également pendant cette période les aménagements paysagés et du mobilier spécifique pour chacun des projets.
« Dans un de mes livres favoris, écrit par Jack London, l'héroïne, Dede Mason, demande durement à Burning Daylight ce qu'il a fait de sa vie : a-t-il planté des arbres, construit des maisons ? »
Après plus de cinquante ans de création, Marc Held peut conclure, tel un bon artisan : « J'aurai au moins planté des arbres, construit des maisons et des meubles à vivre. »

This new creative period would result in several private houses that were totally integrated into nature, faithful to the spirit of the place while being contemporary. During this period, the architect would also design landscaping and specific furniture for each project.
"In one of my favorite books, written by Jack London, the heroine Dede Mason harshly asks Burning Daylight what he had done with his life: had he planted trees, built houses?"
After over fifty years of creation, Marc Held can conclude, like a good craftsman: "I will at least have planted trees, built livable houses and furniture."

Système modulaire de bibliothèque, 2013

Créé pour la villa Mourtias, Grèce
Exemplaire unique
Contreplaqué multipli
Fabricant : Nikos Ballas, ébéniste

Coffre pour kitchenette intégrée, 1992

Créé pour la maison Melissia, Grèce
Bois de teck
H. 82 L. 110 l. 50 cm
Exemplaire unique
Fabricant : Takis Stamoulis, ébéniste
2 exemplaires en bois de chêne ont été fabriqués en 2013 pour la villa Myrto en Grèce par Nikos Ballas, ébéniste

Lit maçonné en briques, 1997

Créé pour la villa Maistros, Grèce
Briques moulées à la main
H. 38 L. 190 l. 140 cm
Exemplaire unique
Fabricant : Kostas Polychroniou, maçon

Salle de bains, 1997

Créée pour la villa Maistros, Grèce
Briques moulées à la main, plateaux en bois de teck, intérieur de la douche en mosaïque de pâte de verre
Exemplaire unique
Fabricant : Kostas Polychroniou, maçon

Chariot, 1998

Créé pour la villa Maistros, Grèce
Perches en bois de pin, assemblage en boulons et écrous
H. 85 L. 95 l. 60 cm
2 exemplaires
Fabricant : Iannis Karatzas, ébéniste

Lingère, 1999

Créée pour la villa Nina, Grèce
Contreplaqué multipli marine, piètement en bois de cyprès de forme octogonale
H. 122 L. 245 l. 40 cm
Exemplaire unique
Fabricant : Manolis Konstantinou, ébéniste

Commode à la croix, 1999

Créée pour la villa Maistros, Grèce
Teck d'Afrique
H. 96 L. 75 l. 45 cm
1 ébauche en bois de pin et 2 exemplaires en bois de teck
Fabricant : Dimitris Sideris, ébéniste

Meuble polyvalent, 2000

Créé pour la villa Nina, Grèce
Kitchenette, penderie, écritoire
Bois de niangon, quincaillerie d'accastillage
H. 152 L. 210 l. 60 cm
Exemplaire unique
Fabricant : Dimitris Sideris, ébéniste

Table ronde pliante en demi-lune, 2001

Créée pour la villa Le Temple, Grèce
Bois de rose
H. 76 D. 140 cm
2 exemplaires
Fabricant : Dimitris Sideris, ébéniste
Un exemplaire en bois de frêne a été fabriqué en 2013 pour la villa Mourtias, Grèce (Nikos Ballas, ébéniste)

Cuisine, 2002

Créée pour la villa Le Temple, Grèce
Contreplaqué marine
Exemplaire unique
Fabricant : Alexandros Karatzas

Colonne de rangement pour cuisine, 2002

Créée pour la villa Le Temple, Grèce
Plateau de marbre, tiroirs, bloc mobile sur roulettes en bois de rose
H. 200 L. 50 l. 50 cm
2 exemplaires
Fabricant : Dimitris Sideris, ébéniste

Table-bureau, 1999

Créée pour la villa Le Temple, Grèce
Plateau en bois de rose, piètement octogonal en bois de cyprès
H. 74 L. 130 l. 60 cm
Exemplaire unique
Fabricant : Dimitris Sideris, ébéniste

Canapé, 2011

Créé pour la villa Lemonia, Grèce
Béton armé
H. 70 H. (assise) 50 L. 160 P. 80 cm
2 exemplaires
Fabricant : Kostas Gikas

Cuisine, 2011

Créée pour la villa Lemonia, Grèce
Construction maçonnée avec enduits ciment
Exemplaire unique
Fabricant : société Damask, Athènes

Table de salle à manger 12 places, 2013

Créée pour la villa Kapsari, Grèce
Bois de chêne
2 plateaux : H. 81 L.140 l. 140 É. 9,5 cm
Piètement : L. 80 l. 80 cm
Exemplaire unique ; variante d'une table en bois de pin réalisée pour la villa Melissia, Grèce, en 1991
Fabricant : Nikos Ballas, ébéniste
Page 368 : une variante a également été réalisée pour une table d'extérieur avec un plateau en pierre marbrière
(H. 71 L. 280 l. 100 cm)

Desserte à abattant, 2013

Créée pour la villa Myrto, Grèce
Bois de chêne
H. 55 D. 110 l. 50 cm
2 exemplaires
Fabricant : Nikos Ballas, ébéniste

Table de salle à manger, 2013

Créée pour la villa Myrto, Grèce
Modèle conçu pour accompagner les chaises *J 39* du designer Børge Mogensen, éditées par Fredericia
Bois de chêne
H. 73 l. 110 L. 250 cm
Exemplaire unique
Fabricant : Nikos Ballas, ébéniste

Crédits photographiques

Les photographies sont de Marc Held à l'exception de :

Pierre Berdois 107
Jean Biaugeaud 53
Alain Ceccaroli 4-5
Miguel Coquis 257
Jacques Dirand 103, 113, 183, 185
Jacques Dirand/*Lip Magazine* 161, 163
DR 11, 83-85, 105, 117, 119, 177, 224-225, 275-293
Jardin des modes/DR 337-339
Jean-François Jaussaud 61
L'Œil/DR 91
Morgan 171
Jacques Primois/Knoll International France, 127, 134-135

Achevé d'imprimer
en mai deux mille quatorze sur les presses
de l'imprimerie Beta, Barcelone, Espagne

Photogravure : Les artisans du Regard,
Paris